Karl Ganzlin

Die Pronomina demonstrativa im Altfranzösischen

Karl Ganzlin

Die Pronomina demonstrativa im Altfranzösischen

ISBN/EAN: 9783743428997

Hergestellt in Europa, USA, Kanada, Australien, Japan

Cover: Foto ©ninafisch / pixelio.de

Manufactured and distributed by brebook publishing software (www.brebook.com)

Karl Ganzlin

Die Pronomina demonstrativa im Altfranzösischen

Die
Pronomina demonstrativa
im Altfranzösischen.

Inaugural-Dissertation,

der

hohen philosophischen Fakultät der Universität Greifswald

zur

Erlangung der Doktorwürde

vorgelegt

und nebst den beigefügten Thesen

Freitag den 26. Oktober 1888

vormittags 12 Uhr

öffentlich verteidigt

von

Karl Ganzlin

aus Lauchhammer.

Opponenten:

Herr J. Bröhan, cand. phil.
Herr F. Kirste, cand. phil.

Greifswald.
Druck von Julius Abel.
1888.

Meinem Vater

in Liebe und Dankbarkeit

gewidmet.

Die Aufgabe vorliegender Arbeit ist es, die aus latein. *ecce ille*, *-iste* und *-hoc* entstandenen altfranzösischen Pronomina demonsrativa von ihrem ersten Auftreten im Französischen durch die wichtigsten Mundarten zu verfolgen bis zum Anfang des 14. Jahrhunderts.

Die Untersuchung gründet sich auf folgende altfranzösische Texte:

Adg. = Adgars Marienlegenden ed. Neuhaus, afz. Bibl. IX. Heilbronn 1886. Vgl. Rolfs: die Adgarlegenden, Rom. Forsch. I.

Aiol = Aiol und Mirabel nebst Elie de St. Gille ed. W. Fœrster. Halle 1877.

Alexanderfragm. = Alexanderfragment des Alberich von Besançon. Vgl. H. Flechtner: die Sprache des Al.-Fragm. des A. v. B. Strassburg Dissert. Breslau 1882.

Alexius = Alexiusleben, im altfrz. Übungsbuche von Fœrster und Koschwitz. Heilbronn 1684.

Amiens = Urkunden aus Amiens, in Recueil des monuments inédits de l'histoire du tiers-état ed. A. Thierry Paris 1850. Bd. I.

= Amis und Amiles, ed. Hofmann 1852; citiert nach Klein, Amis und Amiles, Bonner Diss. 1875.

Auban = Vie de Seint Auban ed. Atkinson. London 1876. Vgl. Uhlemann: Rom. Stud. IV. 620.

Auc. = Aucassin und Nicolete ed. H. Suchier. Paderborn 1881[2].

Beaumanoir = Philippe de Remi Sire de Beaumanoir ed. Suchier. Paris 1884/85. Manek. = Roman de Manekine; Jeh. = Jehan et Blonde; Sal. = Salu d'Amours. Vgl. Schwan, Rom. St. IV. 351—410: Philippe Remi, Sire de Beaumanoir und seine Werke.

Besant = Le Besant de Dieu de Guillaume le Clerc de Normandie ed. Martin. Halle 1869. Vgl. Seeger: Sprache des G. l. Clerc de N. Diss Halle 1881.

Blois = Urkunden aus Blois im Anhang zur Histoire de Blois p. J. Bernier. Paris 1862.

Brand. = Voyages merveilleux de Saint Brandan etc. ed. Fr. Michel. Paris 1878.

II

Burgundische Texte in Rom. VI. und VII. (VII. 179 ff: la légende de Girart de Rossillon).

Cambr. Ps. = Cambridger Psalter ed. Fr. Michel: „Livre des Psaumes" in Documents inédits etc. Paris 1876; citiert nach Fichte: die Flexion im Cambridger Psalter. Halle 1879.

Chard. = Chardry's Josaphaz etc. ed. Koch, Afz. Bibl. I. 1879.

Chev. as d. esp. = Li Chevaliers as deus espees, ed. W. Fœrster, Halle 1877.

Chimay = eine Urkunde aus Ch., gedruckt im Musée des Archives Départementales, Paris 1878.

Chron. asc. = Chronique ascendante ed. Andresen in Bd. II. der Ausg. des Roman de Rou.

Cliges = Cliges von Christian von Troyes, ed. Fœrster. Halle 1884.

Computus = Li Cumpoz Philipe de Thaün, ed. Mall. Strassburg 1873.

Corbie = Urkunden aus Corbie in Recueil des monuments inédits de l'hist. du tiers-état ed. Thierry. Paris 1850. Bd. III.

Dial. Greg. = Dialoge Gregoire lo Pape nebst Sermo de Sapientia und Moralium in Job Fragmenta ed. W. Fœrster. Halle 1876.

Eide = Strassburger Eide im Übungsbuch von Fœrster und Koschwitz.

Elie = s. Aiol.

Eul. = Eulaliasequenz, im Übungsbuch.

Ezech. = Altburgundische Übersetzung der Predigten Gregors über Ezechiel, aus der Berner Hs. ed. Konrad Hofmann in den Abh. der philos.-philol. Classe der Königl. Bayerischen Akademie der Wissenschaften. Bd. XVI. Abteilung 1. München 1881. Vgl. Corssen: Lautlehre der afz. Übs. der Predigten Gregors über Ezechiel, Diss. Bonn 1883.

Froiss. = Froissart, Poésies ed. Scheler. 3 Bde., Bruxelles 1870—72.

Gir. de Ross. = Girart de Rossillon, citiert nach Breuer: Sprachl. Untersuchung des G. d. R., Dissert. Bonn 1884.

Gui de C. = Gui de Cambrai; citiert nach A. Krull, eine sprachliche Untersuchung, Dissert. Göttingen 1887.

Hainaut = Cartulaires de Hainaut [1071 bis 1310], ed. Reiffenberg in Monuments pour servir à l'histoire des provinces etc. Tome I. Bruxelles 1844.

Hoh. L. = Paraphrase des Hohen Liedes im Übungsbuch.

Hiob = Moralium in Job Fragmenta, s. Dial. Gr.

Joinv. = Recueil de chartes originales de Joinville en langue vulgaire, ed. Natalis de Wailly in Mémoires de l'Ac. des inscr. et belles-lettres XXVI. 329 ff.

Jonas = Jonasfragment im Übungsbuch.

Karls R. = Karls des Grossen Reise nach Jerusalem und Constantinopel ed. Koschwitz, Afz. Bibl. II. 1883.

Leod. = Der heilige Leodegar, ed. im Übungsbuch.

III

Liv. d. man. = Livre des manières von Estienne de Fougières, citiert nach Kehr: Über die Sprache des L. d. M. von E. de F., Diss. Bonn, Köln 1884.
Livre des mét. = Le livre des Métiers d' Etienne Boileau ed. Réné de Lespinasse et François Bonnardot. Paris 1879.
Liv. d. mir. = Livre des Miracles, citiert nach W. Napp: Untersuchung der sprachlichen Eigentümlichkeiten des Livre des Miracles de Notre Dame de Chartres, Wiesbaden 1887.
Loth. Ps. = Lothringischer Psalter ed. Apfelstedt in Afz. Bibl. IV. 1879. Heilbronn.
Mahom. = Mahomet von Alixandre du Pont, ed. Boleslaw Ziolecki. Oppeln 1887.
Marie de Fr. = Die Lais der Marie de France ed. K. Warnke in Bd. III. von Suchiers Bibliotheca Normannica. Halle. 1885. Verglichen wurde auch der II. Bd. der Roquefortschen Ausgabe (Fables).
M. d. Oyngt = Oeuvres de Marguerite d'Oyngt, citiert nach Flechtner, siehe Alexanderfragm.
M. Brut = Der Münchner Brut, ed. Hofmann und Vollmöller, Halle 1877.
Morbihan = 1 Urkunde aus M., gedruckt im Musée des Archives Départementales 1878.
Mousk = Chronique Rimée de Philippe Mousket, ed. Reiffenberg Bruxelles 1836—88; citiert nach Link, über die Sprache der Chronique Rimée von Philippe Mousket. Erlangen 1882.
Namur I = Cartulaire de Namur; II = Autre cartulaire de Namur und III = Chartrier de Namur, in Monument pour servir à l'histoire des provinces etc. ed. Reiffenberg, Tome I. Bruxelles 1844.
Neverz = Urkunden aus Neverz in Mémoires de la Société des Antiquaires de France, Bd. XXXIII.
Oct. = Octavian, altfrz. Roman, ed. Vollmöller. 1883 Heilbronn.
Orval = Cartulaire de l'Abbaye d'Orval ed. Goffinet, Bruxelles 1879 in Collection de Chroniques Belges, Bd. 22.
Oxf. Ps. = Oxforder Psalter ed. Fr. Michel. Oxford 1860; citiert nach Meister: die Flexion im Oxforder Psalter. Halle 1877.
Pass. = Passion Christi, im Afz. Übungsbuch.
Ponthieu = Chartes françaises du Ponthieu, ed. Gaston Raynaud in Etude sur le dialecte picard dans le Ponthieu. Paris 1876.
QLR. = Quatre Livres des Rois ed. Le Roux de Lincy 1842. Vgl. Schlösser, die Sprache der QLR. Diss. Bonn 1887.
Raoul d. C. = Li Romans de Raoul de Cambray, citiert nach R. Görke, die Sprache des Raoul de Cambrai, eine Lautuntersuchung. Diss. Kiel 1887.
Reimpredigt = ed. H. Suchier in Bd. I der Bibl. Norm. Halle 1878.
Reims = Archives administratives de la ville de Reims, ed. P. Varin I. 2.
Rich. = Richars li Biaus, ed. W. Fœrster. Wien 1874.

Riquier = Urkunden aus St. Riquier, in Recueil des monuments inédits de l'hist. du tiers-état, ed. A. Thierry. Paris 1850. Bd. IV.

Rol. = Die Oxforder Hs. des Roland, citiert nach Léon Gautiers Glossar in der Ed. der Chanson de Rol. Tours 1883. Vgl. Beyer, die Pronomia im afz. Rolandsliede. Diss. Halle s. a.

Rom. d. M. Michel = Roman du Mont-St.-Michel par Guillaume de Saint Pair ed. Fr. Michel, Caen 1856.

Romorantin = eine Urkunde vom Jahre 1308 aus Romorantin, in Recherches historiques sur Romorantin par A. Dupré. Orléans 1875.

Rou = Maistre Wace's Roman de Rou et des ducs de Normandie, ed. Andresen, 3 Teile, 2 Bde. Heilbronn 1877—81.

Rust. = Rustebuefs Gedichte ed. Kressner, Wolfenbüttel 1885.

Sermo de Sap. s. Dial. Gr.

SSBern. = Altfranzösische Übersetzung der Predigten Bernhards von Clairvaux. ed. W. Fœrster. Rom. Forsch. II. Erlangen 1885.

St. Brieuc = Anciens évêchés de Bretagne, p. p. G. de Bourgogne et A. de Barthélemy. Diocèse St. Brieuc. T. III. Paris et St. Brieuc 1864.

Steph. = Epistel vom hl. Stephan im afz. Übungsbuch.

Tournay = Chartes françaises du Tournaisis. ed. Armand d'Herbomez 1881·

Vegèce = die Vegèce-Versification des Priorat von Besançon, nach F. Wendelborn: Sprachliche Untersuchung der Reime der Vegèce-Versification des Priorat von Besançon, Bonner Dissert. Würzburg 1887.

Yonne = Recueil de pièces pour faire suite au cartulaire général de l'Yonne, 13me siècle, p. p. M. Quantin 1873.

Yvain = Der Löwenritter (Yvain) von Christian von Troyes, ed. W. Fœrster. Halle 1877.

Yzop. = Lyoner Yzopet, ed. Fœrster in Afrz. Bibl. V. 1882.

Ausserdem wurden folgende grammatische Arbeiten und Wörterbücher benutzt:

Burguy: Grammaire de la langue d'oïl. Berlin und Paris 1882^3.

Diez: Grammatik der romanischen Sprachen. Bonn 1882^5.

Giesecke: Die Demonstrativa im Altfranzösischen mit Einschluss des XVI. Jh.'s, Rostocker Diss. Sonderhausen 1880.

Godefroy: Dictionnaire français du moyen-âge.

Görlich: Die südwestlichen Dialekte der langue d'oïl. Franz. Stud. III. Die nordwestlichen Dialekte der langue d'oïl. Franz. Stud. V.

Knauer: Beiträge zur Kenntnis der franz. Sprache des XIV. Jh 's. Eberts Jahrb. VIII—XI.

Metzke: Der Dialekt der Ile de France im 13. u. 14. Jh., I: Diss. Breslau. II. Herrigs Archiv Bd. 65.

Neumann: Zur Laut- und Flexionslehre des Afz. Heilbronn 1878.

Zacher: Beiträge zum Lyoner Dialekt. Bonn 1884.

Die Disposition der Arbeit ergiebt sich aus dem Stoffe selbst wie folgt:

I. *Ecce ille, -iste.*
    A. Masculinum:
        a. Nom. Sg. α) *Ecce ille, -iste*
                      β) Die aus dem Obl. eingedrungenen Formen.
        b. Obl. Sg. α) *Ecce illum, istum.*
                      β) Die verstärkten Formen.
        c. Nom. Pl. α) *Ecce illi, isti.*
                      β) Formen aus dem Obl.
        d. Obl. Pl. α) *Ecce illos.*
                      β) *Ecce istos.*

    B. Femininum:
        a. *Ecce illam, illas.*
        b. *Ecce istam, istas.*
        c. Die verstärkten Formen des Sg.
        d. Die abgeschwächten Formen des Pl.

    C. Neutrum:
        Reste von lat. *ecce illud, istud.*

II. *(Ecce) hŏc.*
        a. *Hŏc* hochtonig: in Verbindung mit Präpositionen.
        b. *Hŏc* tief- und nebentonig:
            α) in Verbindung mit einem Pronomen.
            β) alleinstehend.
            γ) in Verbindung mit *ecce.*

Bevor wir die nach Genus, Numerus und Casus verschiedenen Demonstrativa des Afz. besprechen sind einige Erscheinungen zu erwähnen, die sich auf alle Demonstrativa beziehen, unabhängig von Genus, Numerus und Casus.

1. Die Vorschlagsilbe i.

Lat. vortoniges *ecce* (+ ille, iste, hoc) ergab im afrz. *iç* (*ic-il*, *ic-ist*, *iç-o*). Die Erhöhung des anl. *e* zu *i* scheint unter dem Einfluss der folg. Palatalis eingetreten zu sein.

Schon seit den ältesten litterarischen Zeiten zeigt bei weitem die Mehrzahl der Demonstrativa den Abfall des anl. *i*; ja gerade den sogenannten „ältesten Denkmälern" ist die Erhaltung dieses *i* fast unbekannt: unter den 2 + 3 + 42 Demonstrativformen der Eide, der Eulalia*) und des Jonasfragm. findet sich keine einzige mit der Vorschlagsilbe *i*. In der Stephansepistel haben wir 1 *icest* (55) gegen 11 Formen ohne *i*, im Hohen Lied 1 *icel* (2) und 1 *icelsz* (88) gegen 3 verkürzte Formen. Die nicht rein franz. Texte Leod. und Passion kennen (wenn wir von einem *aquel* Pass. 137, worüber pag. 5 zu vergl., absehen) nur die abgeschliffenen Formen, 52 bez. 44 mal.

In den Denkmälern des **Westens** findet sich folgender Thatbestand: Alexius hat die volleren Formen nur selten, in L. 12 mal (: 90), in P. 7 mal (: 88), in A. 5 mal (: 73); cf. *icil* 54[c]. 111[d]. *icest* 14[c]. 107[b. d]. 125[c]. *icil* plur. 65[e]. 100[d. o]. *icels* 102[d]. *icez* 25[c]. *icele* 65[b]. 61[c]. 76[e]. *iceste* 38[c]. 41[c]. 64[o]. *iço* 106[e]; ferner im Prolog: *iceol* 1. *icel* 4. *icesta* 9; im

---

*) Das hsl. *a czo* Eulal. 21 lasen Burguy, Diez und Littré als *aezo*. Giesecke p. 15 sucht die Konjektur *a ezo* zu verteidigen. Lücking, Jahrbuch XV 395 und Koschwitz, Kommentar 86 und 100, beweisen, dass am hsl. *a czo* festzuhalten ist.

Appendix *icels* 6. *icele* 5. 6. *ico* 4. 5. 10. 12. Im Oxf. Rol. begegnen sie sehr zahlreich, cf. *icil* 618. 880. *icist* 1393. *icel* 664. 1845. 2459. *icest* 1180. 1677. *icil* Pl. 2924. *icist* 1023. *icels* 3796. 2094. *icez* 990. *iceste* 725. *ico* 125. 186. Karls Reise hat nur 2 Belege (: 14) : *icil* 280. *icele* 119. Dazu kommen noch die vom Schreiber der Hs. stammenden *icele* 119, *icil* 691. *ico* 841. *iceo* 323, cf. Koschwitz, Überliefg. 85. Compoz L. hat das Verhältnis 88 : 380. QLR. 40 : 1800. Besant 14 : 360; cf. *icel* 2081. 2602. *icest* 613. 657 etc. *icele* 947 etc. *iceste* 2004. *iceo* 918. Chardry 40 : 340. Brandan 30 : 200. Auban kennt die Formen mit *i* gar nicht, vgl. Uhlemann, R. Stud. IV. 620. Adgar hat 185 : 780. Rou I 1 : 61; *icel* 464. Rou II 5 : 400, cf. *icil* 1353. *icelui* 433, *icele* 1065. 2694, *iceu* 2326. Rou III A. 11, B. 4, C. 13, D. 5 mal (: 850); cf. *icellui* 3791. *icil* 8497. *icist* ib. *icel* 4637. 7243. 9683. *iceulx* 9706. *icele* 8225. *iceo* 1191. *iceu* 7347. 7540. Marie d. Fr. 66 : 1200. Belege aus dem NW. und dem SW. giebt Görlich, F. Stud. V. 397 und III. 150.

Nord und Nordost: Beaumanoir 45 : 1500. Amiens 64 : 750. Ponthieu 3 : 400; cf. *ychele* 29 $_{163}$. *ychele* 34 $_{14. 15}$. Corbie 9 : 150; cf. *ichil* 471. *icheli* 470, 471. *ice* 464. *icelle* 464 (bis), 491. *icheli* fem. 468. *icelles* 499. Aiol 39 : etwa 1000. Elie 10 : etwa 275; cf. *ichil* 1491. *icil* 1863. *icel* 240. 1098. 1749. *iceste* 582. 1023. 1053. *ichou* 2357. *iche* 2215. Aucassin 1 : 100; *icil* 6 $_{32}$. Mahom. 0 (: 130). Octavian 6 (: über 300); cf. *icil* 4418; *ice* 1287. *icele* 1593. *ice* neutr. 1059. 4899. Richars 7 : 500; *ichel* 487. *ice* 2447. *ichelle* 109. 2647. *iceste* 2022. *icheli* 57. 59. Froissart 6 zu etwa 1000; *icelle* IV 655. *icelles* VI 1905. 2385. *yces* VI 5177. *ycelle* VI 505. *yceste* III 3195. Tournay 0 : 400. Hennegan 1 : 800; *icelles* 461. Namur 3 : etwa 1000; *icelles* 25. 207. 273. Orval (bis z. J. 1325) 4 : etwa 2000; *ichil* 233. *icelles* 598 (bis). 599.

Dial. Greg. cc. 280 : über 2000. Hiob dagegen nur 3 (: über 700); cf. *iceste* 316 $_{30}$. *iceaz* 319 $_{37}$. 322 $_{3}$. Sermo d. Sap. 20 : 160. M. Brut 70 : 205.

Lothringen: S. S. Bern. 1 : 1000; *icel* 61 $_{83}$. Dagegen Lothr. Psalt. 47 : 560.

Franche-Comté: Yzopet 1 : 300; *icele* 2704. — Vegèce (Wendelborn p. 39): *iciaux, iciax, icex.*
Lyon (Zacher p. 48): *iczo.* Alexanderfragm. (Flechtner p. 72): *ices.*
Burgund: Rom. VI und VII : 57 : 370. Yonne 1 : 120; *iecle* 601.
Champagne: Crestien scheint die alten Formen mit anl. *i* nur sehr selten verwendet zu haben. Die Hss. haben folg. Zahlenverhältnisse: Cliges S 10; A 17; P 11; C 7; R 8; B 15; T 6 und M 6 mal. — Yvain P 8; H 6; F 8; G 16; S 17; V 20; A 11; M 1 mal gegen ungezählte verkürzte Formen. — Reims vor 1275 0 : 500; von 1275 bis 1300 33 : 500. — Joinville 5 : 400; *icele* X^{bis} 34. 36. *iceli* S 86. 91. *iceste* E ^{quater} 20.

Ile de France: Rusteb. scheint ebenfalls — nach dem übereinstimmenden Zeugnis der zwar aus dem Osten stammenden Hss. — die *i*-Formen nur sehr selten angewendet zu haben; A hat sie 11, B 4, C 14, D 2 mal; cf. *ice* 6[60]; *icil* 76[82]. 146[3]. 222[56]. 238[10]; *icist* 76[82]; *icel* 168[99]; *icil* pl. 253[77]; *icist* 37[88]; *iceste* 251[94]; *icele* 149[17]; *icez* 263[63].

Im ganzen war also die Vorschlagsilbe *i* bereits in afz. Zeit selten geworden, am frühesten und konsequentesten anscheinend im Norden und Nordosten, vgl. Eulalia und Jonas, ferner Tournay, Hennegau, Namur und Orval.

2. Lat. c in ecce ille, -iste

erfuhr die den einzelnen afz. Mundarten lautgesetzl. zukommende Entwickelung. Die Schreibung *ch (chil chelui chest* etc.) ist heimisch in einem Gebiete, das im Osten bei Orval und Namur beginnend, sich über den Hennegau und die Pikardie westwärts erstreckt bis ans Meer (Riquier) und südwestlich bis nach Beauvais (Beaumanoir). Für *c* (= phon. *ts > s*) findet sich auch beim Demonstrativ zuweilen die Schreibung *s : sest* Rou III C 6857, Cliges S 5746; *sez* Rou III C 7463, Joinv. E 15, *sil* Rou III C 7660. 9749. Liv. d. Man. 575, *isse* Rôle de cens, S.-Cheron, Arch. E.-et-L. (Godefroy); *ses* choses Lothr. Ps. 41[4]. 43[17]. 72[15]. 103[24]. 106[43]; *de se mot* ib. Prol. 3[4]; *a tous seus qui* Orval Nr. 444; *a tous sous ki* ib. 389; *seste chartre* Ch. de Morv.

-s.- Seille, Arch. Meurthe (Godefr.); *de saus qui* ib.; aus dem Raoul de C. bringt Görke p. 38 zahlreiche Belege. — Seltener wird die Kombination sc angewendet; sie scheint den Übergang von der Aussprache eines $c = ts$ zu der eines s anzudeuten. Vgl. *a sces paroles* Rou III C. 446; *scil qui moynent bestes* Cout. de Chalamont, Arch. P. 1384 (Godefr.). Einer besonderen Betrachtung bedarf das c in **ecce-hoc**, weil es beim Übergang in das Afz. vor dunklen Vokal zu stehen kam. Seine Aussprache blieb die eines c vor hellem Vokal. Naturgemäss zeigt sich in der Schrift schon seit ältester Zeit das Bestreben der Schreiber, dieses c von dem wie k gesprochenen auch äusserlich zu unterscheiden, und hierzu war das bequemste Mittel das Einschieben eines rein graphischen Schriftzeichens zwischen dem c und dem folg. dunkeln Vokal. Leod. z. B. fügt ein i ein : *cio* 17 mal; Eulalia ein unorganisches z : *czo* (21). Der Lautwert dieses *cz*, ebenso wie der des c in *cels* 12 und *celle* 23 ist $= t\check{s}$, vgl. Koschwitz, Commentar 69. — Passion (wo $ce,i = ts$) schiebt einmal ein i ein: *cio* : 199, 5 mal ein h : 14. 29. 69. 77. 336, und 8 mal ersetzt sie das c^0 einfach durch das unzweideutige z : *zo* 134. 137. 149. 230. 272. 361. 439. 462. — Jonas lässt den Lautwert des c unbezeichnet: *co* I 12. II 3. 4(bis). 7. 10. 12. 14. 18. 25. 30. 31. Hoh. L. beugt einer Aussprache *ko* vor durch zwei Akzente über dem $c : \acute{c}o$ 68. Ebenso die Hs. L. des Alexius: sie schreibt 30 mal $\acute{c}o$ (einmal $i\acute{c}o$ 106[c]), daneben allerdings auch ohne Modifizirung des c : 8 mal *co* (10[d]. 11[b]. 17[a]. 21[c]. 22[c]. 31[a]. 63[a]. 78[a]). Hs. P. schreibt ausnahmslos *ceo*, die im späteren Normannischen gebräuchlichste Form; A. einmal *có* 74[b] und 4 mal *co* ohne graphische Andeutung der Aussprache des c. — Roland, Comp. A, Brandan und Auban schreiben ausnahmslos *co;* Cambr. Ps. Chardry. Besant. Rou 1. Rou II. ausnahmslos *ceo*. Die übrigen Texte des Westens schwanken zwischen *co* und *ceo;* ein *cio* findet sich nirgends; *cho, chou* nur im norm.-pik. Mischtext der Marie de Fr. (ed. Roquefort) I. 546. 558. 568. 570. 574; 542. 560. 578. 580. II. 277. Gegen diese 10 nicht-westlichen Formen hat M. d. Fr. etwa 150 *co* und 140 *ceo*. Karls R.

zeigt 24 *co* : 5 *ceo* (323. 374. 376. 386. 574). Adgar 33 : 300.
Comp. C. 180 : 18 (1650. 1681. 1711. 2347. 2415 etc.);
L. 190 : 1; cf. 3501; S. 165 : 62. — Rou III A im Gegensatz
zu I und II hat über 200 *co* gegen etwa 90 *ceo*; B 200 : 83;
C 170 : 70; D 130 : 75. — QLR haben ungezählte *co*
gegen 6 *ceo* (71 9. 78 8. 83 7. 85 9. 352 8. 371 7.). Die NW.
Mundarten kennen — immer abgesehen von *ce ceu*, wo dem *c*
ein heller Vokal (*ę*) folgt — nur *co;* cf. Görlich, F. St. V.
397. Die SW. Dialekte haben überwiegend *co*, selten *ceo*,
vgl. Görlich, F. St. III. 151. — Die Texte der Pikardie
fügen nach dem *c* (= $) vor dunklem Vokal fast stets ein *h*
ein als Merkzeichen für die Aussprache des *c*. Die westliche
Einfügung eines stummen *e* ist beim neutr. *hoc* sowohl hier
wie in ganz Ost-Frankreich völlig unbekannt. Sehr selten
fehlt das *h*, so 3 mal in Beaumanoir gegen ungezählte Formen
mit *ch;* cf. Jeh. 2779. 3111. 3135; einmal in Mahomet
(: 76), 834; einmal in Aiol (: 120), 9684. — Im Nordosten
ist die Weglassung des *h* sehr häufig: cf. Hennegau 120
cou : 105 *chou*. Tournay 64 : 18. Namur 35 : 85. Hierher
stellt sich auch Aucassin mit 6 : 0. Brut schreibt ausnahmslos
ch, 34 mal. Orval hat das Verhältnis 3 : 4. — Die pik. Cliges-Hss.
schreiben: P 23 mal *cou*, R 1 mal *cou;* die ebenfalls pik.
Yvain-Hss. schreiben: S 8 mal *cou*, 1 mal *chou;* P 2 mal *chou*.
Belege s. unt. *ecce hoc*. — Unter den übrigen Denkmälern des
Ostens zeigen Formen mit erhaltenem dunklen Vok. nur
noch der Yzop. und Lyon (Zacher). Der Yzop. schreibt aus-
nahmslos *co*, im Lyoner Dial. bedient man sich der Einfügung
eines *z*, um einer Deutung des *c* als *k* vorzubeugen: *czo, iczo;*
ebenso *czoiz* = ecce illos. Daneben wird auch häufig die
Schreibung *s* für *c* verwendet: *so;* cf. Zacher p. 48.

    3. Franko-provenzal. Formen.
In den südlichen, dem Provenzalischen benachbarten Mund-
arten des Frz. treten zuweilen die ital.-prov. Verbindungen
accu(m) -ille, -iste auf. Vgl. Passion 137: *Ihesum
querem Nazarenum.* | *Eu soi aquel, zo dis Ihesus.* Aus den
(südwestlichen) Pred. d. Sully, aus Turp. I. und II. giebt
Görlich, F. St. III. 150 f., Belege für *iquist, iquit, iquest*,

iqueste, iquesta, equesta, iquau, iquele. Ganz vereinzelt steht francoprov. *quist* in der von W. Fœrster als pik. bezeichneten Hs. A. des Yvain: 4342 : *Et cil tantost quist ça quist la | Se departent*... — Görlich l. c. belegt Formen des Fem., die sich nur durch Erhaltung des ausl. *a* als nichtfranzösisch charakterisieren: *cesta, icesta, cela, icela.* *Cela* begegnet auch in Pass. 114. 331; *icesta* Alxs L. 41° und Einl. 9; *cesta* Alxs L 14°, 101ᵇ.

4. Formen ohne verstärkendes ecce finden sich auf frz. Boden nur noch selten. Uns stehen folgende Belege zu Gebote (die lautliche Erklärung derselben s. u. bei den mit ecce zusammen gesetzten Formen):

D'ist di in auant, Eide. *Per es mund,* Pass. 453. *Per tot es mund,* ib. 500. *Ne ja ne passerat est numbre que ai dit,* Comp. C 2865. *D'este terre,* Alxs P. 41ᶜ· *D'este semaine,* Yvain F 1572. Stengel bringt im Wb. sub „*es*" noch zwei Belege aus dem Rom. de Troie: *d'iste contree* 12470, *d'iste cité* 12835. In Alxs 73ᵈ lesen K. Hofmann und L. Pannier fälschlich *de tot est mond* für *de tot cest mund,* wie es bei Stengel und im Übungsbuch von Fœrster und Koschwitz steht. Belege für das unzusammengesetzte *hoc* siehe unten.

5. Verstärkung des Demonstrativums durch *ci, la* (= eccehic, illâc) finden sich ganz vereinzelt schon in alter Zeit. Brandan 1423 *cil la.* Mar. d. Fr. II. 297: *ceste semblanche ci;* 376: *sur ce tertre la;* 477: *en ces lius la.* Chardry Jos. 2862 *cel—issi;* 925 *cele—la.* Beaumanoir Manek. 6021. Jeh. 2272, SdA. 746 *cis chi;* Jeh. 2290 *cis ci;* Man. 6004 *cis enfes ichi,* 5149 *ces enfes chi.* Richars 446 *che chi,* 5152 *cest—chi,* 3822 *ce castiel la,* 3796 *che castiel la.* Yvain A 6049: *cil-ci.* Rustebeuf 140₂₄ *qui est ceci.* Lothr. Ps. 43₂₁ *ceu cy;* 47₅, 93₇ *ceu ci;* Prol. 5₂₂ *ce mot yci;* Prol. 2₃₆ *si* (= cil, cf. u. pag. 17) *mot si;* IV. 3 *cilz yci;* 101₁₈ *ces choses yci.* 94₁₁ *ceu cilz* für *ceulz ci* verschrieben. Erst in mittelfrz. Zeit wird die Verstärkung durch *ci* und *la* häufiger.

I. *Ecce ille, -iste.*

A. Masculinum.

a. Singular Nominativ.

α. *icil cil ichil chil,* — *cilg cilh cill.*
icils cils ichils chils, icilz cilz ichilz chilz — *icius cius ichius chius cix chix* — *icieus cieus chieulx chieux ciculs chiex, ceus ceulx.*
icist cist cit.
iciz ichiz ciz chiz.
icis ichis cis chis.
ci.

β. *icel cel ciel ceu chu ycu.*
icelui celui celoi celi cheli celu.
icest cest ichest icest.
icestui cestui cesti cestu.
ice ce iche che.

α. Die echten Nominativformen.

Lateinisches *(ecce) ille* und *-iste*, ebenso die Pluralformen *-illi, -isti* ergaben im Frz. *(c)il* und *cist*, Formen, deren Erklärung auf die verschiedenste Weise versucht worden ist, teils auf lautlichem, teils auf analogischem Wege. [Die Oblqq. *ecce illum, istum* ergaben *cel cest*, s. u. pag. 25].

Diez, Grammatik² II. 94 (a. 1858) sagt, „in den Lautgesetzen liegt nichts, was den flexivischen Wechsel zwischen *cil* und *cel*, *cist* und *cest* bedingt hätte; er muss eine freie Bildung der Sprache sein."

Mussafia in seiner Ausgabe des Macaire 1864 p. VII. erklärt das stammhafte *i* in *cil cist* = *ecce illi, -isti* durch den Einfluss des nachtonigen *i*.

Hiergegen wendet sich Diez Gr.³ II. 102 (a. 1871). Er

hält an seiner alten Auffassung fest, indem er in *cil* und *cist* nur „Umformungen rationeller Art, Unterscheidungsformen" sieht, gebildet ohne lautliche Veranlassung. — Im Etym. Wb[3]. (1869) unter *egli* weist er auf das bei Terenz belegte *illic* hin. Dagegen äussert sich Fœrster Z. f. r. Ph. III. 1879. p. 493: Der Plural habe lautgesetzlich *(c)il*, *cist* ergeben, und diese Formen seien frühzeitig auf den Nom. Sing. übertragen worden. Dieselbe Ansicht hatte schon Storm, Rom. III. 289, vertreten.

Nach Neumann, Z. f. r. Ph. VIII (1884) 243, entsteht aus Sg. *ecce ille, -iste*, sowie aus Pl. *-illi, -isti* vor Vokal lautgesetzlich *(c)il̃ cis*, vor Kons. *(c)el cęst*. Kompromisse aus diesen hypothetischen Formen seien *(c)il* und *cist*, bei deren Bildung auch der anal. Einfluss des Femininums *(c)ele ceste* wirksam war.

Darmesteter, Mélanges Renier 1886 p. 151, erklärt sich gegen Neumanns Hypothese auf Grund der Beobachtung, dass ital. *elli* älter sei als das moderne *egli*, das doch dem *il̃ Neumanns entspricht. Nach D. geht der Nom. Sg. *il* zurück auf die oft belegte Form *illi*, und diese wieder sei analogisch zu *qui* gebildet worden, wie nach Tobler *illui* anal. *cui* entstanden sei. Hieraus erkläre sich sowohl das betonte *il*, wie das unbetonte *li*. Die Annahme einer Hiatstellung sei überflüssig.

Schuchardt, Z. f. r. Ph. X. (1886) 482, findet Darmesteters analogische Erklärung nicht genügend begründet. Er nimmt ein *illic* als Grundform an, aber nicht wie Diez und Cornu das alte lat. *illic*, sondern eine neue Composition aus *ille* + *hîc*, für die sich oft die Schreibung *ilhic* vorfindet. Durch Verstummung und Abfall des ausl. *c* ergebe sich das häufig belegte *illî* (= cl. lat. ille). — In der Z. f. r. Ph. IV (1880) 121 hatte Schuchardt schon vorher diese Ansicht vertreten.

Sicher scheint uns nur festzustehen, dass sowohl *il* wie *li* zurückgehen auf vlat. *illî*, belegt bei Schuchardt: Vokalismus des Vulgärlateins I. 154, und D'Arbois de Iubainville: Déclinaison latine en Gaule, p. 149. Eine Grundform *istî* für *cist* ist nicht belegt.

Belege für *cil* und *cist*, die durchaus herrschenden Formen des afz. Masc. Sg. Nom. sind kaum nötig. Es seien nur wenige genannt: Jonas II. 14: *percussist cel edre sost que cil sedebat*. II. 205: *cil Laudeberz*. Alxs L 36ᶜ: *ćo est cil qui tres l'us set*. L 101ᵇ: *que valt cist crit cist dols ne cesta noise*. P. 57ᶜ: *enque et parchemin et une pane... cil lui aporte et cil la coilli*. Besant 2891: *Et cist et cil qui est oisos*. S. S. Bern. 55 ₁₉: *Cil obliet les choses celestiennes. et cist celes choses ke sunt sor terre. cist celes choses ke pretentaules sunt. et cil celes k'a avenir sunt. cist celes choses, c'um uoit. et cil celes c'um ne uoit. cist celes choses ke seyes sunt et cil celes ke Jhesu Christ sunt*.

Cist wurde im 12. Jh. zu phon. *sit*. Mit grösster Zähigkeit wurde aber die alte Schreibweise festgehalten. Nur ein einziges *cit* vermögen wir (mit Flechtner p. 72) zu belegen: Marg. d'Oyn 40. — Görlich F. St. III. 150 bringt noch 2 Belege für frankoprovenz. *iquit* aus den Pred. d. Sully (vgl. darüber oben p. 5).

Diese ursprünglich alleinherrschenden Formen *cil* und *cist* erleiden von zwei verschiedenen Seiten her schon in afz. Zeit Konkurrenz:

1. durch die Formen mit flexiv. *s*, und
2. durch die in den Rectus eindringenden obliquen Formen.

I. Durch Anfügung eines flex. *s* an *cil* entstanden die Formen *cils, cilz*; mit Vokalisation des *l*: *cius cix* (über $x = us$ siehe Feist R. Z X. 294); endlich mit Ausfall des *l*: *ciz, cis*. Weitere lautliche und graphische Varianten s. u. p. 11.

Cist + **s** ergab *ciz* und *cis*, fiel also zusammen mit den aus **cil** + **s** entstandenen *ciz cis*. Die Form *cis* ging endlich noch direkt aus *cist* hervor durch Abfall des vor Kons. stummen *t;* so jedoch nur in denjenigen Mundarten, die *s* vor Kons. nicht verstummen liessen: in den Mundarten, die zwischen Malmédy, Namur, Mons und den Ardennen gesprochen werden (cf. Köritz, über das *s* vor Kons. im Französischen, Diss. Strassburg 1885, p. 40).

Alle diese neueren Formen fehlen in den ältesten Denkmälern, sowie in unseren Texten des Westens fast vollständig. Im Centrum, Osten, N-O. und Norden sind sie — was doch wohl nur zum Teil am geringeren Alter unserer Sprachquellen liegt — sehr häufig zu belegen. Die einzigen und zwar ausnahmslos unsicheren Belege aus dem **Westen** sind die folgenden:

QLR. 95 $_{17}$: *Cils ki est, quand sun enemi mortel u la force est sue ad truved, ki partir le laissast a salveted?* 417 $_{19}$: *E Ysaïas requist nostre Seignur, e si cum cils requist, l'umbre del soleil fist ariere turner.* Marie de Fr. (ed. Roquefort) I. 86: *cis cunsaus sereit trop hastis* (ed. Warnke 25 $_{510}$: *cist cunseilz*...); II. 108: *cis example;* II. 370: *demanda li qui chius fu?* Rou III. B. 111: *Mes cis cunquest poi li ualut.* 779: *Pur sa ualur, pur sa largece fu cis li bons Richars clamez.* 2287: *Cius Richard out un filz Nichole.* 2267: *Cius est de nostre nureture.* 7044: *Cix conseils est uenuz trop tart.* 10303: *Ciex fu mult noble chevalier.* Görlich F. St. V. 396 bringt noch zwei Belege für *cis* aus dem NW.

Von diesen wenigen Beispielen abgesehen haben wir im frz. Westen nur die alten Formen *cil* und *cist*, sowie die aus dem Obl. eingedrungenen Formen.

Anders in den Mundarten des Nordens, Ostens, Südostens und Centrums: Hier begegnen die Formen mit flex. *s* schon ziemlich häufig. Das Eindringen der obliquen Formen ist noch fast völlig unbekannt.

Die **pik.-wallon.** Mundarten unterscheiden sich von den übrigen durch das ganz besonders frühe Durchdringen der Form *cists. Diese ergab *ciz*, welche Form sich im Wallon. zuweilen, im Pik. ausnahmslos zu *cis* vereinfachte. Ein echt pik. oder wallon. *cist* (ohne flex. *s*) ist nicht mehr zu belegen. Die einzigen Beispiele für pikard. *cist* finden sich vielmehr in Texten, die offenbar unter fremd-dialektischem Einfluss stehen: 2 mal in Beaumanoir (Manek. 5206 und Jeh. 43); 5 mal in Octavian (539. 553. 5114. 5164. 5207). Vgl. Schwan, Rom.

Stud. IV. 358: „Der Dial. von Beauvais zeigt sowohl echt pik. als echt normannische Züge"; und die Vorrede zum Octavian, wo Vollmöller den Schreiber des Oct. für einen Aglnorm. erklärt. — Klein, pag. 16, bringt noch einen Beleg für *cist* aus der Hs. des Amis et Amiles 1965: *cist iert votre maris*.

Belege für pik.-wall. *cis ciz:* Amiens 88: *cis livres.* 242: *chis escris est fais*... 352: *chis accors fu fais*... 414: *ychis n'estoit pas contrains de payer.* Beaumanoir J. et Bl. 2290: *Se Jehans ert vestus de sas / E cis ci de plus rices dras... / Mes amis ert plus biaus encor.* 2272: *Se cis chi a plus de monnoie.* 198: *Cis consax me sanle mout boens.* Auc. 22₃₂: *tos cis bos en esclarci.* Elie 1111: *chis pais.* 2204: *cis rois.* Aiol 2638: *Qui est chis qui me gabe*... 922: *cis escus.* Namur Chartrier: CVI. 228: *chis devantdis compromis.* LXXI. 226: *cis recors.* Cartulaire XL. p. 53: *cis malades;* ib. *et chis s'en plaint.* Orval Nr. 259 (4 mal): *cis dis et cis rapors fu faiz a Longuion.* 326. 433. 443 etc.

Die Dial. Greg. und der M. Brut kennen die pikard. Verwandlung *sts = s* nicht, sie schreiben stets *ciz.* Dial. Greg. 63 ₇: *Poruec icil ki paut les pors ... chait desoz soi meismes, mais iciz cui li angeles desloiat et rauit sa pense en estasi, uoirement il fut defors soi, mais dessoure soi.* 89₄: *Alsi com icil al mangier del cors corporeilment alat, ensi iciz a l'institution de la vie spiritueile iroit spiritueilment.* M. Brut 290: *ciz nuns.* 338: *ciz surnons.* 344: *ciz siens freire Silvius.* 989: *Quant sa parole out ciz fineie.* Godefroy giebt weitere Belege.

Viel später als *cists erscheint (im Pik.-Wallon.) **cil + s**. Es tritt auf als *cils cilz; cius cix;* mit pik. Diphthongirung *cieus, ciex*, endlich mit etymol. *l: chieuls.* — Unsere Belege sind die folgenden:

Beaumanoir J. et Bl. 2458: *tenes dis livres ... cieus les prent.* Amiens p. 217: *chilz qui ara*... 218: *chilz escrips fu faiz* .. ib: *chilz establissement durera* .. 226: *chilz establissemens durera* .. 217: *chieuls qui seroit* .. Corbie p. 466: *chius qui s'en dieurra* .. 500: *chiex accors.* Riquier p. 592: *chix,* 671: *chiex, chieus.* Tournay 25 15 (a. 1229): *cius qui bien le puet faire par loi.* 26 11: *cius Watiers Gales.* 56 17: *cius Sandars.* 56 19: *por chou que cius jugemens demeure fermes* . . 59 6: *cius Colars Mounars* (im ganzen 5 mal gegen 8 cil + 20 cist). Hennegau vor 1250 kein mal (gegen 11 *cil,* 2 *cis),* von 1250—1300 6 mal (gegen nur 2 *cil,* 2 *cis).* Vgl. XLIX, 394: *cius Jehans.* LXII, 410: *chius, qui servit ahiretés* . . CV. 474: *u chius u chelle qui tenra* . . CIII, 470: *u cilz u celle qui tenra* . . LXI, 408: *li abbez u cils ki sera en se liu.* LXXV, 428: *que cils saiauls soit wardés* . . Richars hat schon vollständig die s-Formen durchgeführt, *chil* kennt er nur noch im Reime auf *il* und *gentil*: 1392. 1996. 3575. Die Orthogr. ist regelmässig *chilz;* nur 1 mal findet sich *chieus* : 241 *chieus uous maint* | *Qui par tout uoit et lassus maint.*

In Namur ist *cil* + *s* vor 1275 noch selten (2 mal : 9 *cil*). Nach 1275 gewinnt es rasch an Verbreitung; 1276 bis 1300 haben wir 27 *cil* + *s* gegen nur 4 *cil* + 14 *cis.* In den beiden Fällen vor 1275 ist das flex. *s* augenscheinlich vom Schreiber nur zu dem ganz bestimmten Zwecke gesetzt worden, den Sg. von dem Pl. zu unterscheiden. Beide, übrigens gleichlautende Belege stehen in Chartrier XXIII. 152 (a. 1264): . . . *u cil* (sg.) *ki sorvivera . . . u cius* (sg.) *u cil* (pl.) *a qui u asquels il avoient vendis ces biens.* Nach dem Jahre 1275 wird, wie oben erwähnt, *cil* + *s* die gewöhnliche Form. Der Regel nach vokalisiert das *l* auch in der Schrift: *chius;* selten bleibt es erhalten; ausnahmsweise zeigt sich der pik. Triphthong *ieu.* Vgl. *chius* I. Cartul. XXVI. 33. XXXI. 39 etc. II. Cartul. XVIII. 109. XX. 111 (5 mal) etc. Chartrier XL. 177 (5 mal) LXXIII. 230 etc. — *Cil* + *s* mit erhaltenem *l* : Chartrier LX. 204. CV. 285. I. Cartul. XL. 52 : *cils.* II. Cartul. XXI. 114: *cilz de nous qui.* — Belege für *chieus:* I. Cartul. XXVI. 33: *chieus qui ledit ensoingne averroit* (ib. chius). Chartrier CXX. 306. (a 1323): *cieus de nous qui venra.*

Die Urkunden aus Orval haben bis z. J. 1300 nur 1 *cils* (geg. 8 *cil* + 24 *cis*); Nr. 529 (a. 1293): *cils descors fut mis sor dous prodomes.* Nach 1300 erscheint auch hier *cils, z* öfter; cf. Nr. 602 (2 mal) etc. Die Dial. Greg. haben schon 4 *cilz* (gegen unzählige *cil* + ca. 70 *cists* = *ciz*); vgl. 9₁₉: *cilz si nobles beir.* 17₁: *cilz meismes Fortuneiz.* 15₄: *icilz honorables beirs Libertins.* 81₄: *cilz hom deu.* Wir wiederholen: Neben allgemein herrschenden *cil* und *cists ist im Pik. und Wallon. *cil* + *s* erst gegen Ende des 13. Jh.'s häufiger zu belegen.

Der **lothringische** Dial. der SSBern. bietet ausnahmslos die alten regelrechten Formen *cil* und *cist*. Vgl. 154₇: *Cist est cil ki les mains nos liet*... 54₈₈: *Cist est cil ki lo poure lievet fors del brau.* Später dringt auch in diesem Dial. das flex. *s* durch: Ezech. p. 51: *cis mismes creeres*. Der lothr. Psalter hat die *s*-Formen schon vollständig durchgeführt. Nur einmal findet sich noch *cil:* 14₁. Im übrigen steht ausnahmslos die Form *cilz*, sowohl für *cil* + *s*, als auch für *cist* + *s* = *ciz*.

In der **Franche-Comté** (Yzopet) schwankt der Sprachgebrauch; doch überwiegen noch die alten Formen ohne flex. *s*. Der Yzop. hat 52 *cil* gegen 16 *cilz* (1. 5. 99. 104. 172. 190. etc.) und 1 *cist* (1535) gegen 1 *ciz* (3275). Vgl. 1: *Silz liures.* 921: *cilz mondes.* 3275: *Que ciz soit a forches penduz.*

Die **lyoner Mundart** der Marg. d'Oyngt kennt nach Flechtner p. 72. ebenfalls die Formen mit flex. *s: ciz* (36.41) neben *cil* (44) und einem schon oben besprochenen *cit* (40). Breuer p. 40, sagt, dass „das Demonstrativ nichts bemerkenswertes bietet"; auch Wendelborn macht keine Angaben über den in Rede stehenden Punkt.

Burgund hat neben *cil* selten *cilz*; *cist* fehlt; es wurde einerseits durch den im Burgundischen sehr beliebten (Rom. VI. 45) Abfall des *t* zu *cis*, und andererseits durch Antreten des flex. *s* zu *cists = *ciz*. Letzteres ist die gewöhnlichste Form im burg. Dialekt. Rom. VI. Deux chevaliers v. 107: *Il hot grans pris et grans los, | Plus c'onques n'ot li quens de Los, | Ne ciz de Bar ne ciz de Noi | Ciz de Blois ne ciz de Sain Poi.* cf. ib. 189. 241. 271. 286. etc. Rom. VI. No. XIII: *Ciz qui plus voit plus doit savoir, que*.. Rom. VI. p. 12. v. 6: *De Deu heit la parole cilz qui de Deu n'ai cure.* Rom.

VI. No. XXIV: *cis cloistre.* Rom. VII. Gir. de Rouss. 103: *iciz monz.* 231: *iciz nostres patrons.*
So schwanken auch die Urkunden aus Yonne: 586 (a. 1258): *cil Regnanz.* 627 (a. 1266) *cilz compes fut feiz.* 584 (a. 1258): *ciz Regnauz.*
Die **Champagne** (Crestien) scheint Ende des 12. Jh.'s die *s*-Formen noch nicht zu kennen. So haben die ältesten Hss. des Cliges: SAC und die Hs. H. des Yvain (= Cliges Hs. A) ausschliesslich *cist cil.* In den übrigen Hss. dieser Texte tritt das flex. *s* sporadisch auf, in Cliges T. (geschrieben von einem Ostpikarden des 14. Jh.'s) schon recht häufig. Unsere Belege sind die folgenden:

Cliges P: 7 *cix* und 7 *cis,* vgl. 1608: *cix chevaliers.* 4673 *cix escus,* ferner *cix* 3715. 4788. 4790. 4973. 6498; 898 *cis uaslez*, 4380 *cis seus moz,* ferner *cis* 868. 2788. 3103. 4386. 4398. R hat ein *chilz* 6392 und ein *cis*: 4084 *Ne cis ne s'an recroit.* B: 11 *cis:* 868. 898. 1608. 1644. 4380. 4386. 4658. 4672. 4678. 4973. 6498. T: 31 *chilz,* ein *chieus,* ein *chiz* und ein *chis* neben etwa 60 *cil* + 2 *cist* (2967. 2971), vgl. 4368 *chilz moz.* 6498 *chilz afeires.* 4084 *ne chilz ne chilz ne s'an recroit,* ferner *chilz* 124. 868. 898. 1410. 1608. 4703. 4775. etc.; 3715 *chieus a Cliges asseure.* 4788 *se chiz estoit armez.* 3103 *Meis chis retorne s'amertume an douçor.*

Yvain P. 2 *cilz,* F. 1 *cis,* S. 4 *cis,* 1 *cils,* A. 3 *cis;* vgl. P. 1816: *cilz n'est mie vilains.* 1832: *cilz termes est trop lons assez.* S. 100: *cis plais doit bien a bien uenir.* 1369: *cis cos.* 1832: *cis termes.* 1311: *Tant que cils diauz soit abeissiez.* A. 1369: *cis cos.* 2114: *cis chevaliers.* F S A 2725: *Ma dame a cis lerre souduite.*

Die champagnischen Urkunden aus der 2. Hälfte d. 13. Jh.'s kennen schon *cist* (ohne *s*) nicht mehr; *cil* (ohne *s*) ist noch erhalten: Reims 1250—75 hat *cil* und *cis* (je c. 100 mal); ausnahmsweise 1 *ciz*:

p. 774: *Ciz Tuebuef.*

Nach 1275 dringt das flex. *s* auch bei *cil* mehr und mehr

durch, so das *cilz* gleichberechtigt neben *cil* tritt (je c. 40 mal);
das alte *cis* bleibt (c. 40 mal); die Schreibung *ciz* wird häufiger (12 mal). Vgl.
  p. 1042: *cilz Colins*. p. 962: *iciz Gerbers*.
  Joinville hat 4 *cil* + 1 *ciz* (= cist + s).
  L. 75: *ciz qui panra*.
  Die Rusteb.-Hss. endlich, von östl. Schreibern herrührend und daher nicht rein îledefrancisch, haben neben unzähligen *cil* und einigen *cist* (58[1] ABC. 76[82] BC. 88[68] C. 99[23] ACD. 127[17] AC. 236[22] AC) sporadisch *cis* (23[73] ABC. 38[27] C. 80[90] ABC. 270[60] AC.), sowie einmal *ciz* (193[120] C).
  Cis und *ciz* sind den Kopisten zuzuschreiben. Auch Metzke (p. 95) konstatiert das Fehlen eines echt franzischen *cils* und *cis*. Belege aus den Rusteb.-Hss.:
  23[73]: *Cis siecles faut; qui bien fera / Apres la mort le trovera*. 38[27]: *Cis jeus est trop mal ordenez*.
  193[120]: *Ciz siecles*.

Überblicken wir die Verbreitung der verschiedenen Formen des Nom. Sg. (zunächst mit Übergehung der aus dem Obliquus eingedrungenen Formen), so ergiebt sich:
  Der gesammte **Westen** kennt nur *cil* und *cist*.
  Die **pik.** und **wallon.** Mundarten haben *cil* und *cists*.
    Cist ohne flex *s* ist selbst in den ältesten Texten nicht mehr zu belegen, sondern schon in vorlitterarischer Zeit durch *cists* (>*ciz*>*cis*) verdrängt worden. *Cils* ist bis Mitte des 13. Jh.'s selten, wird häufiger erst gegen Ende des Jh.'s.
  Lothringen hat an der Wende des 12/13. Jh. nur *cil* und *cist*; im 14. Jh. ausschliesslich schon die *s*-Formen.
  Der Yzopet, **Franche-Comté**, schwankt zwischen den alten und den neuen Formen; die letzteren sind noch in der Minderzahl.
  Burgund hat im 13. Jh. vorwiegend *cil* und *cists*; *cil* + *s* ist noch selten; *cist* schon ausgestorben.
  Die **Champagne** hat vor 1200 nur *cil* und *cist*; 1250

ist *cists (cis) schon völlig durchdrungen. Erst nach 1275 erscheint cils (cilz). Die **Ile de France** kennt im 13. Jh. nur cil und cist.

Einige seltene Formen sind noch hervorzuheben:
1. **Cilg** eedre fu seche: Jonasfragm. B. 15. Dazu noch ein zweites cilg: ib. A. 34:
Über diese Form handelt Koschwitz, Commentar 143: „Das cilg unseres Textes hätte Neumann für seine Theorie (Zs. f. r. Ph. VIII. 264) verwerten und in ihm eine Stütze dafür finden können, dass auch auf nordfranz. Boden (ecce)ille Voc. ursprünglich (c)il̃ ergeben haben." Dem gegenüber hebt Koschwitz hervor, dass eine Notwendigkeit, prov. cilh und unser cilg gerade aus ecce ille Voc. zu erklären, nicht bestehe, „denn auch die früher angenommenen (ecce) illic und pluralisches in den Sgl. getretenes (ecce) illi konnten (c)ilh entwickeln." Nach ihm haben wir unser zweimaliges cilg aufzufassen als „eine der Mundart unseres Textes eigentümliche" Nebenform von cil.

Diese Auffassung, sowie K.'s auf anderen grammatischen Gründen basierende Lokalisierung des Jonasfragments an die pikardisch-wallonisch-lothringisch-champagnische Sprachgrenze (cf. l. c. p. 154) werden noch gestützt durch ein ferneres cilh = Nom. Sg. sowie eine grosse Anzahl von cilh = Nom. Pl., die wir aus jener Gegend beibringen können:

Orval 517 (in einer Urkunde aus Ivoix zwischen Montmédy und Sédan): **Cilh** qui seroit adont nostre liu.

Im Plural ist die Schreibung cilh sogar häufiger als die Schreibung cil, Belege sieh dort.

Der phonet. Wert des lh erhellt aus Wörtern wie moulhiers 560. conselh 440. 442. 564. qui vat a Bulhon 329. valhant 455. etc. Das lh bedeutet l̃. Und dass — wie K. oben annimmt — l moulliert werden kann, auch wenn kein Hiatus vorliegt, wird bewiesen durch Beispiele wie: la vilhe 412. 440. mois d'avrilh 309. 329. 393 und — was für uns am interessantesten ist: ilhe = illam 318*).

---
*) Dem cilh an die Seite zu stellen, also ebenfalls ohne Neumanns Hypothese zu erklären sind: ilh (sg.) 228 (2 mal) 268. 272. 448 etc. 268:

Die Mundart von Orval (an der pik.-wallon.-lothr.-champagnischen Sprachgrenze) hat, nach obigen Belegen zu urteilen, die Tendenz, jedes nach i stehende l zu erweichen, auch wenn ursprünglich kein $i̭$ folgte. In den eng verwandten Mundarten der Dial. Greg. und von Namur zeigen sich Spuren derselben Tendenz; ein *cil̃* vermögen wir jedoch dort nicht zu belegen. Vgl. aber *ilh* Dial. Greg. 286 26. 31. 35. etc. Namur I. Cartul. XXI. 149 (5 mal). LXXIX. 239. ib. CXIII. 298: *la vilhe*. Das Verbreitungsgebiet dieser lautl. Erscheinung zu untersuchen, ist nicht unsere Aufgabe. Uns genügt es zu konstatieren, dass jenes *cilg* des Jonasfragm. obigem Lokalisierungsversuche eine neue Stütze hinzufügt.

2. Einige Male findet sich die Form *ci*, die wir sowohl aus *ci(l)*, wie aus *cist* > *cit* erklären können; *cist* verlor im ganzen frz. Sprachgebiet sein *s* [ausgenommen die wallon. Mundarten, cf. Köritz p. 40]: es wurde zu phon. *sit*. Vor Kons. verstummte schliesslich noch das *t*, so dass es auch in der Schrift wegfallen konnte.

Comp. A. 1497 *E ci uers* (cil verms) *signefie saint Espir*.
Orval No. 334 (a. 1259): *ci Ducin desordit*. ib: *un quart do ban .. ke ci quars nos est demoreiz*.
Lothr. Ps. (a. 1365) Prol. 2 36: *si mot si*.
Rou II. 95. *Ci ki out les dous filz a sun terme fu morz, / Ne l'en pout rien defendre qu'il fu fiers e forz*.
Görke führt p. 38 zwei Belege aus Raoul de Cambray an: 4334. 4489. Er erklärt sie als *ci(st)*.
Ebenso erklärt Godefroy ein *ci* des Fierabras, Vat. Chr. 1606. f° 21, aus *cist*: *Bien t'i sarra a destre ci blanchet afilez*.

Vgl. unten: *ci* als plur. nom. —

3. Wohl als graphische Angleichung des Obl. Pl. an den Rect. Sg. sind folgende Beispiele aufzufassen:

---

se ilh avenoit que ... *ilh* (pl.) 222. 228. 236 etc. Hier verweisen wir noch auf ein *illi* (=*ü̃*), Hoh. Lied 9, wozu Koschwitz Comm. 190 und Behschnitt. Das franz. Personalpronomen 17 zu vergleichen ist.

Rou III. C. 8387: *Grant pies* (Ausg. *pries*) *i eut ceulx*
(Ausg. *cil*) *de Felgieres*. (ABD: *cil*). Ebenso: 8492 C.
8546 C (ABD: *cil*). 8552 C (ABD: *cil*).

4. Zacher p. 52 erwähnt aus dem Lyoner Dialekt 1 *ceiz*
und 1 *czoiz*, beides wohl in den Nom. gedrungene Obliquusformen mit angefügtem *s: cels*. Die hier vorliegende Entwickelung des *i* zu *ę, ei, oi* in geschlossener Tonsilbe ist
dem Lyoner Dial. eigentümlich.

β. **Die aus dem Obl. eingedrungenen Formen.**

Über das allmähliche Umsichgreifen dieser Formen lässt
sich folgendes feststellen:

Nicht jedes *cil cist* unterlag gleichmässig der Verdrängung durch den Obl. *cel cest:* es kam auf seine syntaktische
Verwendung an.

1. Das absolut gebrauchte *cil cist* hat niemals von seiten
des Obl. *cel cest* her Einbusse erlitten, (wohl aber durch die
verstärkten *ui*-Formen).

2. In adj. Verwendung erwies sich *cil cist* am standhaftesten, wenn der Satz die regelrechte Wortfolge des Behauptungssatzes hatte (Subjekt-Verb); dagegen wurde es früh durch
cel cest verdrängt in invertierten Sätzen.

Wir weisen dies an einem konkreten Beispiel zahlenmässig nach, und wählen den in England entstandenen Adgartext, weil dieser die grösste Anzahl von obl. Formen im Rect.
aufweist, allerdings auch zunächst nur etwa für die Entwicklung der frz. Demonstrativa in England beweisend sein kann.

	Anzahl	absolut	konjunkt	Subj. vor dem Verbum	Subj. nach dem Verbum
cil	81	61	20	19	1
icil	17	9	8	6	2
cist	43	22	21	19	2
icist	3	3	—	—	—
cel	25	—	25	9	16
cest	7	—	7	3	4

Belege: 1) Subj. vor dem Verbum.
a. alter Rectus (Regel).
217 ₈: *Cil Jueu, cil membre a Diable* / *La jeta en une privee* / *Priueiement a celee.*
b. eingedrungener Obliquus (selten).
25 ₁₉₄: *Le grand led* / *Ke cel malueis aueit fet.* 39 ₆₈: *Li demustrast* / *Que cel duz chant senefiast.* 39 ₆₉: *Mult requist Deu, que cel chant dut.* 176 ₂₉₇: *quider* / *Que cel saint pain peust perir.* Cf. weiter 150 ₃₉. 193 ₂₅₃. 201 ₉₉. 208 ₈₁. 209 ₉₁. — 23 ₁₂₅: *Tant cum cest deol lur queor debrise* / *Est fine le seruise.* 203 ₁₇₉: *Car cest liu n'est pas couenable.* 216 ₇: *Si cum cest escrit nus recunts.*

2) Inversionssätze.
a. alter Rectus (selten).
139 ₁₂₂: *Cum il entendi la endreit* / *Vint cil bers vers li a espleit* / *E dist li ...* 6 ₉₁: *Puis si cum Deu out comande* / *Ert cist chaitif tost reamene.* 174 ₂₁₅: *Si ne uoleit cist prestres faire.* 36 ₂₉₄: *Mais puis ...* / *Cunta icil clers boneure* / *De ...* 193 ₂₆₄: *Prodhom deuint icil uilains.*
b. eingedrungene Obl.-formen (zahlreich).
51 ₃₂: *A icest dit s'en departi* / *Cel tor, cel cuiluert enemi.* Ebenso 13 ₉₈. 15 ₈₄. 51 ₂₀. ₃₈. 52 ₄₉. ₇₇. 145 ₁₇₈ etc. 23 ₁₁₅: *Tant cum durra cest afere.* 92 ₃₃₆: *des biens, k'ainz fescit cest baron.* Ebenso 93 ₃₇₅.

Ähnlich gestaltet sich die Verteilung von altem *cil cist* und eingedrungenem *cel cest* in allen anderen Denkmälern; nur liegen dort die Verhältnisse weniger klar zutage aus Mangel an grösserem Zahlenmaterial:

Die aus dem Obl. in den Rect. Sg. eingedrungenen Formen fehlen in den ältesten Denkmälern noch ganz, ausser im Leodegar, wo 6 *ciel* (20. 49. 56. 137. 149. 197.) 3 *cil* (11. 205. 219; + 1 *cli* 101) gegenüberstehen. Vgl. 20: *luil comandat ciel reis Lothiers.* 49: *quandtns uisquit ciel reis Lothier.* 56: *Un compte ioth pres en l'estrit, ciel eps nuu auret Eurui.* 137: *ciel ne fud nez de medre uius, qui tal exercite uidist.* 149: *ciel Euuruins qual horal uid penrel rouat lier lo fist.* 197: *ciel Laudebert fura buons om.*

Die Form *ciel* bietet allerdings der Erklärung Schwierigkeiten. Dass sie, wie Giesecke pg. 5 anführt, mit dialektischer Diphthongierung des *i* zu *ie* entstanden sei, dürfte ausgeschlossen sein; cf. unten den Obl. Pl. *ciels*. Von den aus dem frz. **Westen** stammenden Denkmälern kennen nur Brandan, Karls Reise, Rou I. und die älteste Hs. des Rou III. (A) die obl. Formen im Nom. Sg. noch nicht. Die übrigen westl. Texte, ganz besonders aber die aus **England** stammenden, weisen sie — im Gegensatz zu den Denkm. des N., NO., O. und Centrums — zum grösseren Teil recht häufig auf. Alexius LAP je 1 mal: L 123^b: *si bon servise fist cel saint homo en cesta mortel uide.* P 80^e: *cest dels lara enqui par tuee* (LA: *cist, dols*). A 101^b: *ne nus ualt rien cest duel ne ceste noise.* (L: *cist dols*; P: *cist dels*). Sporadisch findet sich der Obliquus für den Rectus in Oxf. Ps., Oxf. Rol., Cambr. Ps., Rou II., Rou III. BCD und in den Lais der Mar. d. Fr. Vgl. Oxf. Rol. 3717: *cest mot mei est estrange.* 1789: *cel corn ad lunge aleine.* 1520: *celoi levat le rei Marsiliun.* [427: *Cume celui ki ben faire le set* zählt nicht mit, da nach *cume* sehr gern der Obl. steht.]

Beyer p. 17 erkennt in diesem *cel* und *cest* alte Neutra. Ebenso Meister p. 32 in dem dreimaligen *icest* des Oxf. Ps: π 5: *icest saltier.* 76 10: *icest cangement.* 131 15: *icest mien repos.* Ob hier wirklich eine Erinnerung an das Lat. vorliegt, oder ob wir es hier mit der gewöhnlichen Kasusvertauschung zu thun haben, muss dahin gestellt bleiben. Wenn auch im Afz. alle ererbten Neutra der Regel nach im Sg. und Pl. den Masc. gleichstehen (G. Paris, Alxs p. 107), so konnte doch ein des Lat. kundiger Schreiber sehr leicht das Genus der lat. Grundwörter auf das Frz. übertragen, zumal da er dabei „an wirklich im Afz. vorhandene Überreste lat. Neutra anknüpfen konnte, die ja für den Plur. (vgl. Mussafia im Jahrb. VIII. 127), für das Pron. [neutr. *cel, cest*] und wohl auch für das prädikative Partizipium oder Adj. (vgl. u. a. Mall, Comp. S. 104) kaum anzuzweifeln sind". (Koschwitz, R. Z. II. 487 f., wo über den in Rede stehenden Punkt weiter zu vgl. ist). Jedenfalls lässt sich nicht leugnen, dass die Form des Obl. besonders gern bei urspr. Neutris steht, die dann auch kein flex. *s* annehmen; cf. unten die Belege für *cel, cest- mal, pais, chief, cunseil, exemple* etc.

Cambr. Ps. hat nach Fichte ein *cest* 117₂₆ und ein *iceste* (für *icest*) 76,₁₀. Rou II. 1080: *trop a cest mal duré.* 1820: *dunt cest mal li est surs.* 2613: *Ja li ert cest pais tout liurez e renduz.* 521: *La gent de sun pais nus vait ceu* (Ausg.: *cil*; sc.: *tirant*) *atraiant.* 2111: *Par mun chief, dist celui.* 2172: *Osmunt, uns chevaliers, fu od lui kil garda/, Se ce* (Ausg. *cist*) *ne fust alez, ia ne revint ca.* Rou III B: 2467: *Celui c'on apeloit Garin / Tut premiers uint a male fin.* C: *cellui* 8390. 10117. 10429; *celuy*: 1098; D 466: *Le jugement que Richard fist, / Ne cel ne cist ne cuntredist.* Vgl. weiter *celui* 4988. 8480. 9365. In den Lais der Marie de Fr. findet sich nur dreimal der Obl. für den Nom. verwendet: 8₈₀: *Talent !e prist d'aler chacier... / Al matin vunt en la forest / Car cel deduit forment li plest.* 55₃₂: *Jo m'esmerveil / U cest produm prist cest cunseil.* 71₄₃₁: *U fu cest bon pali trovez?* cf. ib. 442: *u fui cist bons palies trovez?*

Chardry hat 10 oblique gegen etwa 90 echte Nom.-formen, cf. 664: *Icel penser mut l'angusseit.* 2332: *Icest cunseil est avenant.* 2229: *De la vertu del seint esprit / Est cest enfant tut repleni.* 958: *Deceivre me vout cest losenger / Par sa parole ki mut poi vaut.* 892: *Vus nus fetes mut grant mal / ke suffrez tant ke cel nassal. Vent tant suvent en ceste tur.* 506: *Quant Josaphaz out escoute. / Ceo que celu li ad cunté..* 1451: *E saches touz ke j'ai jure / ke celu ki le veintra / Ma druerie en avra.* 2072: *icest turment / Est tuz jurs tel e nut e jur.* — Die QLRois haben 21 unechte gegen ca. 140 echte Nom.-formen. Vgl. *cel*: 99₁₀. 126₅. 156₉. 369₂₀. *icel* 13₂. 51₁₃. 78₆. *cest*: 15₈. 18₁₇. ₁₈. 34₇. 50₁₄. etc. *icest* 367[1]. *celi*: 158₁₄: *Si veirement cume Deus vit, celi ki ço ad fait en murrad.* — Besonders auffallend ist hier die Anwendung der Formen mit *e* bei ursprünglichen Neutren. Vgl. 99₁₀. 369₂₀. 230₅: *cel mal.* 13₂. 51₁₃. 78₁₆: *icel mal.* 18₁₈: *cest mal.* 156₉: *cel brief* 18₁₇: *cest flael.* 50₁₄. 99₁₃: *cest pecchié.* 178₂: *cest vin.* 188₃: *cest signe.* 157₁₇: *cest afaire.* 367₁: *icest afaire.*

15₃: *cest cri.* (*quiritum, -us?). 34₇: *cest respit comunals*
(*respectum = „proverbium"). Bei solchen ursprünglichen
Neutren ist Stellung in Inversion oder im abhängigen Satze
nicht erforderlich. Wo die QLR. *cel cest* bei alten Masculinen
haben, liegt stets Inversion vor. Vgl. 126₅: *Pur ço fud
apeled cel liu li champs de forz en Gabaon.* 64₁₄: *Ki est cest
ord paltunier, ki*.. 117₁₁: *D'iloc en avant fud cest esguard
receud e tenud cume ferme lei.* 179₁: *Pur quei maldist cest
chien*.. *lu rei?* (Quare maledicit canis hic... domino meo
regi?) — Männlich gewordene Neutra erhalten das flex. *s*:
122₃: *cist mals.* 383₁₉: *cil grant sacrefises.* — Einen noch
höheren Prozentsatz von obliquen Formen im Rectus weist,
wie wir oben gesehen haben, Adgar auf. Im Besant be-
gegnen 44 echte neben 18 unechten Obl.-formen. Vgl. 613.
657. 710. 721. 1079. 1542. 2054. 2934. etc. — Am weitesten
vorgeschritten ist der Cumpoz; hier überwiegen die obliquen
Formen schon um das Doppelte. In Hs. C haben wir 5 *cel*
+ 17 *cest* gegen 6 *cil* + 4 *cist*; in den übrigen Hss. besteht
etwa das gleiche Zahlenverhältnis. Vgl. S 1497: *E cel verm*
(A: *ci vers.* L: *cil verm*) *signefie*.. *Saint Espir.* S 1011: *Et
icest meis september / C'est „septimus imber".* 1382 (alle Hss.):
Cest num e enposet / A icele cuntree... 1312. 1364. 1564.
1606. etc.: *E pur ceste achaisun / Eissi cest signe at num.*
2273 (alle Hss.): *Cest mal nus en vendreit.* 2413 S: *Une
lunaisum tient / Plus cel an, quaut l'avum, / Dunt embolisme
at num.* 3047 (alle Hss.): *E septembre, cel meis, / Cestes at,
ço saceiz.* 3378 (alle Hss.): *E unze cunterat, / Se cel an bissexte
at.* — Aus den Urkunden des NW. belegt Görlich (V. 396)
ein *iceul joveignor* als Nom. Sg. (über *iceul* cf. p. 25). —
In Bezug auf die SW. Mundarten erwähnt Görlich (III.
110), dass für *cist* „sporadisch" *cest* vorkomme, und belegt
dies aus Pred. Turp. I. und II. Neben *cil* kennen die Pred.
1 mal *iceu* (97₁₃); Turp. I. und II. haben *cil* ausschliesslich.

In allen nicht westl. Mundarten (**Centrum, Norden,
Nordosten und Osten**) behaupten sich die alten Nominative
fast ohne jede Einschränkung das ganze 13. Jh. hindurch.
Die wenigen Ausnahmen die uns begegneten, seien hier

aufgezählt: Amiens 227 (a. 1269): *ychil vidames reconnut ke chu* (= *cel;* cf. u. p. 26) *manoirs et les appendanches de chu manoir sont du bourgage d'Amiens.* (dagegen 29 echte Nom.-formen). — Richars: ein *cel* gegen 70 echte Nominative, vgl. 1989: *Qui puet iestre cel chevalier.* Orval: ein *cest* gegen 35 echte Nom.; 441 (a. 1271) *et cest vendages fut fait*... — Yzopet: ein *cel* + ein *cest* (: 70), vgl. 2637: *Cel example trait d'une fable*... 2791: *Cest example cy nous propose / Que*... — Burgund: Rom. VI. 7—39: 2 *ces,* 1 *ses [*= *cest]* (: 23). Cf. p. 24. XIX. v. 36: *Molt an aront grief jugemant / Apres ces siegle trespassant. / Car cant ses siegles finira, / Nostre Sires signe ferai, / Ceu nos racūte Jeremies.* p. 37. v. 79: *Ces mondes nos est esanpleres / Que*... p. 37. v. 103: *Ces mondes n'est que ruse e fable.* Die Legende von Gir. de Rouss. (Rom. VII.) kennt keine obliquen Formen (: 22). Wohl aber die Urkunden aus Neverz: p. 181 (a. 1266): *Ces compes fu feiz l'an* MCCXVI; cf. *cilz compes* 183. 187. 204. 205. etc. — Flechtner, p. 72, findet bei Marg. d'Oyngt 43 einmal *icez*. Napp, p. 43, erwähnt aus dem Liv. des Mir. zweimal *cest* für *cist* (39 9. 154 23) und einmal *ce* für *cil* (144 28). — Cliges R 4673: *Mout li siet bien cel escu au col.* M 868: *Ja ne quier que cest mals me leist.* M 4084: *Ne cil ne cest ne s'an recroit.* M 4386: *Cest mot li est si douz et buens / Que*... S 4786: *Meis plus est biaus que celui d'ier / Et plus que Lancelot del Lac.* Yvain P 3532: *Que fet que ne se tue / Cheli* (VHFAS: *cil las) qui*... PSM 2114: *Cest* (P : *ce*) *chevaliers qui lez moi siet / M'a mout proiiee*... SG 5425: *Or doint Deus que trop ne li cost / Ceste losange et cel* (G : *cest*) *servise.* A 4875: *Et la pansa que pooit estre / Li corz et celui* (S : *icil*. PGA: *cil) qui l'ot soné.* M 1705: *Ne vaut miauz celui* (HGAP : *cil) qui*... M 2725: *Ma dame a ce lieree (cist lerre) surduite.* M 1832: *Ce termes est trop lons taccez.* — In den Rustebuef-Hss. finden sich 1 *ice*, 1 *cel*, 1 *celui* und 1 *cest* gegenüber ungezählten alten Nom.-Formen. D 6 60: *Ice seigneur qui le fist nestre / Li doint chevance*... AC 248 59: *Quant cel anz fu tot trespassez*... A 239 59: *Celui coroit tant a*

esfors ... B 61₄₁: *Cest roons en O a enmi une espace, / Et roons est li cors; dedenz a une place, / Tresor i a, c'est l'ame* ...
Metzke, p. 95, konstatiert, dass für *cil* auch *cel, cellui* und *icellui* begegnen. Das Liv. d. Mét. hat einigemale *(i)celui* (I. 57. XVII. 13. LX. 6. LXVIII. 4. LXIX. 2. LXXIV. 12) und einmal *ce* (XX. 1) neben sonst noch regelmässigem *cil cist.*

Die zitierten Belege für das Eindringen des Obl. in den Rect. Sg. in nicht westl. Mundarten sind ausserordentlich gering an Zahl. Die meisten unserer östlichen Texte haben die alten Nominativformen ausnahmslos gewahrt; so: Beaumanoir, Corbie, Mahom., Aiol, Elie, Octavian, Ponthieu (bis 1300), Tournay, Aucass., Hainaut (bis 1300), Namur, Dial. Greg., M. Brut, Orval (nur bis 1275); ferner Cliges ACPBT, Yvain HFV, Gir. d. Rouss., Joinville und Reims.

Überblicken wir die gesammte Entwickelung des Nom. Sg. bis zum Ende des 13. Jh., so ergiebt sich, dass die urspr. Formen *cil* und *cist* im **Westen** teilweise, ganz besonders aber in **England,** verdrängt werden durch die aus dem Obl. eindringenden Formen, in allen **übrigen Mundarten** viel weniger durch *cel* und *cest*, als durch die Nominativformen mit flex. *s*. Die **pik.-wallon.** Mundarten eilen allen anderen voran.

Der Entwicklung, die der Westen schon in afz. Zeit einschlug, schlossen sich die übrigen Mundarten in mfz. Zeit an.

b. Sing. Obl.

α. Ecce illum, -istum.

Die regelrechten Formen des afz. Obl. Sing. Masc. sind *(i)cel, (i)cest* bis zum 1. Drittel des 12. Jh.; von da an *(i)cel, (i)cest*. Belege sind kaum nötig; wir geben nur wenige aus den ältesten Denkmälern: Jonas I. 11: *de cel pescion.* II. 1: *de cel peril.* Hoh. L. 2: *en icel tens.* Alexs A. 28^e: *puis icel jur.* LA 35^e: *choisir icel saint home de cui l'imagene dist.* Jonas II. 31: *de cest periculo.* Alexs LP 73^d: *de tut cest mund.* LA 107^d: *d'icest saint cors.* Stephansepistel 55: *a icest mot.*

Die Eide geben geschlossenes *ę* durch *i* wieder: *in, int, quid* (cf. Koschwitz, Commentar 25 f.); so auch zweimal *cist* für *cęst*: 2. *si salvarai eo cist meon fradre Karlo.* 3. *et ab Ludher nul plaid nunquam prindrai qui meon vol cist meon fradre Karle in damno sit.*

An *cel* sowohl wie an *cest* vollzogen sich im Laufe der afrz. Zeit lautliche und graphische Änderungen.

Stand nämlich **cel** vor Kons., so konnte, wie oben bei *cil*, das *l* entweder verstummen oder als velares *l* erhalten bleiben. Die Verstummung scheint das häufigere gewesen zu sein, wenn auch in der Schrift das *l* sich noch lange hielt, analogisch zu *cel*$^{Voc.}$ und zum Fem. *cele*.

1. Wo zunächst das *l* erhalten blieb, veranlasste seine velare Aussprache die unten (beim Obl. Pl. *cels*) besprochenen lautlichen Vorgänge, nach deren Abschluss auch schliesslich dieses *l* verstummte. Entweder erzeugte das *l* vor sich einen *u*-Laut, bevor es schwand, ausgedrückt durch *u, ǫ*, auch durch *ou*: *ce^{u}l ce^{o}l ce^{ou}l : (ceul ceol ceoul —* **ceu, ceou**), oder es trat Brechung des *e* zu *ea* ein: *cęal (ceal)*, woraus weiter mit Vokalisierung des *l cea^{u}l*, geschrieben **ceaul, ceau** und schliesslich mit Verstummung des vortonischen *e* : **çau**.

Der phonetische Wert der Form *ceu* ist schwer zu ermitteln. Dialektisch nahm das *eu* wohl die gewöhnliche Entwicklung zu phonetisch *eü œü œœ œ;* während in anderen Dialekten die Entwicklung analog der von *de illo*$^{Kons.}$ = *del* gewesen zu sein scheint: *eu œü iüi ii;* darauf deutet die dialektisch oft belegte Schreibung *cu, chu.*

Unsere Belege sind die folgenden: **a.** für *ceu(l)* etc.: Touraine (Görlich Fr. St. V. 396): *iceul joveignor* (als Rectus gebraucht). Auban hat nach Uhlemann R. St. IV. 620 „vor Kons. meist *ceu*". SW. (Görlich F. St. III. 151): ein *ceu* Turp. I. 311 $_8$., zwei *iceu* Pred. Sully 28 $_{16}$. 165 $_{12}$. ein *iceu* als Rect. ib. 97 $_{13}$. Godefroy: *ceu plai.* Ben. D. de Norm. II. 38712. Michel. -- Für *cu* etc.: Rou III. C. 2527: *a cu terme.* 3131. 9475. 10991: *a cu temps.* 3339: *li dunerent cu cunseil.* 4341: *li ont cu mestier reproué.* 7373. 9339: *a cu jour.* 7405: *a cu jor.* 7406: *ker samedi cu jour esteit.* 9773: *de cu lignage.* 7404: *a icu tens.* 3210: *d'icu jour.* 9683: *en ycu tens.* 1910: *a chu chevalier* 4193: *en chu temps.* Neben diesen 16 Belegen für *cu* etc. hat diese Hs. des Rou 28 mal die alte regelrechte Form *cel.* Die eigentliche Heimat der Form *cu* etc. scheint die pik. Mundart von Ponthieu und Amiens zu sein, (s. u.), so dass wir dort auch die Heimat des Schreibers der Hs. C des Rou zu suchen hätten. Ponthieu 11 mal (: 3 *chel*, 2 *che*), vgl. 8 $_1$: *de chu meesme lieu.* 8 $_{13}$: *en chu censel.* 12 $_2$, $_{35}$. 22 $_6$. 33 $_2$. 38 $_2$: *de chu meesme lieu.* 29 $_{42}$: *en chu cas.* 29,$_{128}$: *toute le connissanche de chu fait.* 33 $_{33, 34}$: *sur chu royon.* Amiens p. 225: (2 mal) *chu jour.* 227: (2 mal) *un manoir et les appendanches de chu manoir.* 221: *chu manoirs et les appendanches de chu mauoir.* 314: *ung tenement et les appendanches de chu tenement.* Godefroy giebt 2 Belege aus dem ersten Teile der (pik.) Pariser Hs. 1433, welche im zweiten Teile den Yvain enthält: f^0 36^r: *dehors chu bois.* f^0 38^r: *un petit outre chu vauchel.* Ferner giebt G. noch folgende Belege: *a chu conseil*, S. Graal Vat. Chr. 1687. f^0 87^b. *entour chu bos*, Ch. de 1274. Cart. de Sélincourt f^0 38^r. Bibl. Amiens. *de chu mesme lieu*, 1280. Rob. de Dreux, Beauvais. Doc. Pic. I. 49. *de chu meisme lieu*, Ch. d. 1291 Paraclet Arch. Somme. *ochiez chu Sarrasin*, Gaufrey 4288. A. P. *en chu temps*, ib. 2770. *a chu fief*, 1340. Cart. Esdras de Corbie, Richel. l. 17760. — **b.** für *ceol, çoul, çou*: Alexius Prol. 1: *d'iceol noble barun.* Touraine (Görlich V. 396): *en çoul dit lou.* Amiens

p. 324: *chou.* Orval No. 259 (a. 1244): *a chou jour que ciste mise fu faite* (Urkunde · aus Longuion). — c. für *ceau(l)* etc. giebt Godefroy folgende Belege: *Qui sunt sus l'aritaige ceaul Parnay,* 1337. Coll. de Lorr. III. f⁰ 41. Richel. *Por ceaul usaige,* 1273. Sent. du bailli de Charolais, La Ferté, Arch. Saône-et-Loire. *En ceaul bois,* ib. *En ceau temps,* Ch. d. 1282. Fontevr. Le Remonn., Arch. M.-et-Loire. *Ceau jor,* Chron. d. Turp. 5714. f⁰ 46ª, Auracher. Dazu bringt Görlich (III. 151) aus dem SW. noch mehr Belege: Pred. *iceau* 50 ₉. *iquau* 143 ₂₂. 200 ₁₃ (mit francoprovenzalischem *qu).* Turp. I. *ceau* 271 ₂₉. *iceau* 280 ₂₀. *iqueau* 292 ₂₄. Turp. II. *ceau* 280 ₂₀. *iqueau* 292 ₂₄.

2. Andererseits konnte das *l* verstummen, zunächst wohl unter dem Einfluss der Tonlosigkeit. Auf diese Weise entstand *ce,* das wir schon in alter Zeit sporadisch neben *cel* auftreten sehen. — (Vielleicht ist daneben auch eine Entwicklung *cel ceu cœii cœœ cœ cę* anzusetzen).

Ce entstand aber noch — und zwar wohl vorwiegend — auf andere Weise: aus *cest,* an welcher Form sich seit dem 12. Jh. in zweifacher Hinsicht ein Abschleifungsprozess vollzog. *S* vor Kons. verstummte im 12. Jh. im ganzen franz. Sprachgebiet, ausser in der zwischen Malmédy, Lüttich, Namur, Mons und den Ardennen gesprochenen wallonischen Mundart; cf. Köritz 40. Eine dieser Aussprache gerecht werdende Schreibweise hat sich nie und nirgends eingebürgert; nur sehr selten findet sich *cet.*

Vgl. Cliges S. 5830: *hui cet jor.* Raoul d. C. (Görke p. 49): *cet pais* 6958. Burgund (Rom. VI. 12 ₁₇): *desus cet arc.* Lyon (Flechtner, p. 72) Marg. d'Oyngt 37. 53. 54. Orbestier (Poitou) p. 109, a. 1287: *en ycet nostre fait* (ter). St. Brieuc (Bretagne), T. III 172: *sus cet octrey.* Godefroy: *en cet cas.* 1344. S. Leopardin 1ʳᵉ l. Arch. Cher.

Ausser dem *s* verstummte im 12. Jh. vor Kons. auch noch das *t*; *cest* (phon. *set*) wurde zu *ce* (phon. *sę),* fiel also lautlich und formell zusammen mit dem aus *cel, ceu* entstehenden *cę.* Doch nur sehr langsam folgte die Orthographie der Aussprache.

In den ältesten Denkmälern sowie in all unseren Sprachquellen des **Westens** is *ce* noch fast unbekannt. Die einzigen Belege sind die folgenden: Stephansepistel 5 : *a ce jor.* Alexius M. (pik.-flandrisch!) 107^d: *fors ce saint cors ne querons nule chose.* Rou III B und C (für den Westen nicht beweisend), B 1468: *metre li fist ce nun.* 4341: *li ont ce mestier reproue.* 7406: *ce jour.* 9829: *ce serement aueit en us.* C 1062: *ce jour.* 1193: *a ce temps.* 2431: *a ce terme.* 8853: *de ce colp.* 10028: *en ce pais.* Einige Male in den Hss. P (pik. 2. Hälfte 13. Jh.'s) und Q (franzisch, nach 1332) der Mar. de Fr., vgl. P 19$_{345}$: *dedenz ce mur.* 97$_{280}$: *vous n'amez gaires ce deduit.* Q 133$_{257}$: *De ce cunseil.* 137$_{852}$: *De ce sanc.* Vgl. ferner in Roqueforts Ausgabe II. 71: *enmi ce prei.* 126: *siete une piece seur ce chien.* 153: *au chien voloit ce pain baillier.* 195: *par ce sanc.* 396: *sur ce tertre la.* 401: *Yzopet apeluns ce livre.* In den südwestlichen Pred. Sully's findet Görlich V. 151 neben regelmässigem *cel cest* nur ein *ce* 24$_{26}$. Dies die einzigen, ausnahmslos für den Westen nicht beweiskräftigen Belege für *ce*.

Anders in den im ganzen etwas jüngeren Texten des Ostens. Hier ist *ce* schon mehr oder weniger oft anzutreffen. Als Texte, die *ce* noch nicht kennen, sind anzuführen: aus dem Pikardischen: Moham. (2 *cel*, 6 *cest*), Ponthieu (3 *chel*, 5 *chu*, 24 *chest).* Cliges-Hss. P. und B. Yvain-Hss. S. und F.; aus dem Wallonischen: Dial. Greg., Hiob, Sermo de Sap.; dazu der M. Brut. (Ein wallonisches *ce* kann nur aus *cel*, nicht aus *cest* entstehen; Köritz 40); aus dem Lothringischen: Die Pred. des hl. Bernh.; aus der Franche-Comté: Der Yzopet (17 *cel*, 5 *cest*); (aus dem Südosten: Die Passion.)

Unsere **pikardischen** Texte zeigen *ce che ice* schon ziemlich häufig. Amiens 12 mal (4 *cel*, 30 *cest*), Aiol 45 mal (84 *cel* + 46 *cest* + 16 *ces*). Elie 10 (: 34 : 7). Aucassin 3 (: 1 : 3). Hennegau 33 (: 5 : 33). Überwiegend *ce* haben schon Beaumanoir 80 (: 33 : 40), Richars 46 (: 14 : 14). Froissart kennt *cel* und *cest* lediglich noch vor Vok. (einmal in Pausa XVI. 11. *n'ia cel*). Belege aus der Pikardie: Beaumanoir I. 2323.

2702. 2838. 2873 etc. II. 2593. 3246 etc.: *a ce jour*. Cf.: *a cel jour*: I. 2271. 2714. II. 455. 2381 etc. Aiol: 682: *parmi che pre*. 923: *qui uous dona che frain a or batu?* 1606: *tenes che besant d'or*. 238: *a ce premier*. 1288: *hui ce jor*. 1789: *ce ceual*. Elie 272: *de ce barnage*. 365: *Vees vous ce vasal qui*... 958: *Quant ie che boin destrier auoie en ma baillie*. 1964: *dones me che cheval*. Auc. 11₈₉: *en ce celier sousterin*. 31₄: *cumence a regarder ce plenier estor canpel*. 35₁₂: *ce regne*. Amiens 225. 226. 295: *ce jour*. 414: *en che cas*. 409: *de che lieu*. 267. 330: *a ce temps*. Corbie 464: *d'ice meisme lieu*. Richars 3822: *ce castiel la*. Froissart IV. 934: *depuis ce jour en avant*. Hennegau LIX. 405. LXXIV. 426. LXXV. 428: *de ce jour en avant*. LXXI. 422. LXXXII. 437: LXXXII. 436: *de ce meismes liu*. Auffallend selten findet sich *ce* in Tournay: 3 mal (: 15 *cel* : 70 *cest*); bemerkenswert ist hierbei, dass die 3 *ce* vor anl. *t* stehen, sämmtlich in der Verbindung *ce testament* 55₇₁. ₇₃. ₇₇.

Die **wallonischen** Urkunden von Namur und Orval haben in der 2. Hälfte des 13. Jh.'s ebenfalls noch überwiegend die Formen *cel cest*. Namur hat 30 *ce* : 16 : 46; Orval 18 : 7 : 80. Vgl. Namur Chartrier. XXIII. 151: *de ce meisme liu*. 153: *de ce markiet*. LVII. 201: *de ce fief, èn ce fief*. I. Cartul. 21: *che vendage*. Orval Nr. 433 (a. 1269): *Et ce lous et cest otroi at reconnut li devantdit messires Richars*. 479 (a. 1278): *de ce jor en avant*. 276 (a. 1247): *juka ce jor*.

Der **lothringische** Psalter kennt ausschliesslich *cest*, auch vor Kons. Nur im Prolog findet sich 3 mal *ce*, 1 mal *se*. Vgl. 1₁₇: *a ce meismes sens*. 3₂: *de ce mot*. 3₄: *se mot*. 5₂₂: *ce mot yci* (als Rectus).

In den **burgundischen** Texten, Rom. VI., findet sich nur einmal *ce* gegen 3 *cest*, 1 *cet*, 7 *ces(t)*; cf. p. 25: *a ce jour*. In der burgund. Legende von Gir. de Roussillon ist *ce* schon ziemlich häufig, *cel* und *cest* aber keineswegs auf Stellung vor Vok. beschränkt. Wir finden 8 *ce*, 2 *cest*, 7 *cel*. Cf. 24: *de ce tres saintisme jour*. 70: *ce maitre*. 120: *apres ce petit de temps*. 122: *par ce meismes non*; (cf. 123: *li meïst cel non*).

138: *a ce mandement.* 185: *a ce pueple.* 197: *en ce temps;* (cf. 236: *en cel temps).* 222: *encontre ce baron.*

Die **Crestien-Hss.** haben folgenden Thatbestand: *Ce* ist noch selten in den Cliges-Hss. SAR (3 bez. 7 u. 7 mal) und den pik. Yvain-Hss. PVA (1, 3 bez. 1 mal), häufiger schon in Cliges CT (11, 18 mal), sowie Yvain HG (18, 10 mal). Auch bei Joinville ist *ce* noch sehr in der Minderzahl gegen *cel* und *cest* (5 : 3 + 18), während Reims schon weit überwiegend das abgeschwächte *ce* gebraucht (35 : 6 : 4). Belege: Cliges 1557 S: *ice* (ACT: *a ce) soir i refu alez.* 4807 ST: *ce jor.* 2484 SACT: *a ce port.* 4677 ATR: *an tot ce pais.* Yvain 2154 PG: *ce jor meismes.* 4615 V: *par ce non vuel que l'an m'apiaut.* 5228 V: *an ce prael.* 5270 V: *an ce chastel.* 3073 HGM: *ce palefroi.* Joinville E^{ter} 2: *de ce meismes leu.* H 44: *ce jour meismes.* H 75: *en ce meesmes bois.* J$_5$: *de ce leu.* V 21: *en ce lieu.* Reims p. 728 (a. 1251): *il ne tenoit mie ce jardin.* ib: *li monstra ce jardin.* p. 736. 768 etc.: *a ce jour.*

Endlich die **Rustebeuf-Hss.** haben *ce* schon recht häufig: A 19. B 10. C 23 mal; doch sind auch hier *cel* und *cest* selbst vor Kons. noch immer die beliebteren Formen. Vgl. 163$_{880}$ BC: *A ce point et a cel endroit.* 114$_{84}$ ABC. 135$_{66}$ AC. 163$_{62}$ AC: *ce soir.* 120$_{87}$ C: *jusqu'a ce tenz.* Cf. ferner: 5$_{40}$ B. 61$_{68}$ ABC. 61$_{73}$ ABC. etc. *Cel cest* vor Kons: 119$_{20}$: *cest mestier.* 59$_{49}$: *en tot cest mont.* 59$_9$: *en tot cest siecle.* 3$_{95}$: *par cel Seignor.* 78$_{167}$: *de cel preudomme.* 129$_{11}$: *en cel leu.*

Auch das **Ile-de-francische** Liv. d. mestiers hat noch das alte *cest* und *cel* selbst vor Kons. gewahrt, cf. II. 8. XXIV. 10 etc. Doch tritt auch schon häufig *ce* auf: I. 4. 14. 20. 34. XV. 2. 6. XVII. 4 (vor Vok.!). XVIII. 8. XXII. 5. 15 etc.

Einige seltene Obliquusformen sind noch zu erwähnen:

1. Das Leodegarlied schreibt 13 mal **ciel** und 1 mal **ciest** (neben nur einem *cel* 80); cf. 15: *a ciel di.* 23: *qu'il lo doist bien de ciel sauier.* 65: *por ciel tiel duol.* 105: *ciel' ira grand e ciel corropt, cio li preia, laissas lo toth.* 144: *por ciel tiel*

miel. 148: *tot ciel miel.* 177: *in ciel monstier.* 179: *in ciel flaiel.* 211: *de ciel pais.* 215: *ciel fruit spiritiel.* 219: *ciel biens* (als rectus). 239: *il nos aiud ob ciel senior.* 111: *in ciel monstier.* 207: *ciest omne tiel mult aima deus.* Einmal findet sich die Form *ciel* auch in der Passion (neben 8 *cel*). 208: *a ciel jorn.* Ebenso im Cumpoz A 739: *en ciel an.* Diese diphthongirten Formen sind den francoprovenzal. Mundarten eigentümlich. Wie ein *ciel* in den Computus kommt, ist unklar.

2. Vereinzelt findet sich **ceist**. Zemlin, p. 12, bringt zwei Belege aus den lothr. Not. et Extr. 143 E. 180 A. (Acad. des inscr. et belles-lettres XXVIII. 2me partie, ed. Natalis de Wailly), und Godefroy zitirt ein *ceist* aus Fontevrault (an der unteren Loire) *en ceist compromis.* Das *ei* er-erklärt sich hier wie in den unten zu besprechenden *ceile ceiste,* aus der allgemeinen Tendenz der nordöstl. und östlichen Mundarten, jedem Vokal ein *i* nachzusetzen. Das *ceist* aus Fontevrault könnte durch einen östlichen Schreiber dorthin gekommen sein.

3. In fast allen Teilen des frz. Sprachgebietes findet sich sporadisch die Form **ces** für *cest.* Passion 349: *A grand honor de ces pimenc / L'aromatizen cuschement.* 485: *per tot ces mund.* (cf. *cest* vor Kons. 299: *en cest di.* 310: *trestot cest mund*). Alexius L 14^c: *an ices secle* (P A: *cest*). Comp. A 1312: *Essi ces signes at num.* CLS: *cest signe* (Obl. für den Rectus). A 1364 ebenso; C L *cest*; S *icest.* Rou III A 866: *Metum nus fors de ces dangier!* (: *damagier,* Infin.). — St. Riquier 595: *de ches meismes lieu.* Aiol 8407: *Il ne deseueroient por tout l'or de ces mont* (cf. 8484: *por tout l'or de cest mont*). 2831: *Se je fierc ces gloton* (le portier) *del branc d'achier, assez tost li aroie le chief trenchie.* 2423: *N'istra chevaliers ne nus sergans, / Nes uns hon en ces siecle qui soit vivans.* 2638: *Qui est chis qui me gabe en ces sollier?* Zweifelhaft sind die folgenden Fälle im Aiol: 1142: *Or m'a baillet ces armes et ces destrier.* 4493: *Ja mais ne quirc entrer en ces pais.* 2251: *Et sai un branc d'achier, n'en quier mentir, / Ne quic qu'il ait millor en ces pais.* 3922: *Asses orent pain*

d'orgue, aigue del riu. Il ne uihoient d'el en ces pais. 4243:
Il (le cheval) *est biaus et cras et bien garnis, / Si n'en a nul
millor en ces pais.* 4262: *les millors de ces pais.* 5034: *Nous
somes ne de France del resne Loeys, / De soie part auons
calengie ces pais, / A tort tenes la tere que Karlemaines tint.*
3829: *Elie mon serouge, le duc gentil, / Me fesis tu cachier de
ces pais. Or est en autre tere remes caitis.* 3311: *A tort fustes
cachies de ces pais, / Sie uous desireta rois Loeys.* 106: *en ces
bos.* 1777: *parmi ces bos.* 4129: *en ces pais.* 4497: *Tu l'en
cachas a forche de ces pais.* In der Anmerkung zu v. 106 sagt
Fœrster: „*ces bos* braucht nicht der Pl. zu sein, da *ces* =
cest". Er erklärt diese Auslassung des *t* in der Anm. z. v.
332 für eine dial. „Eigenheit der Aussprache" und vergleicht
unsere Fälle mit der Verbalform *es = est* 332: *Un neveu ai
en Franche qu'es tes parens.* — Chev. as d. esp. 6266: *puis
ices jor d'ui.* — Orval CCCXCII. (a. 1285): *Nos Loïs, cuens
de Chisney, et Jehanne, sa femme, contesse de ces meimes liu,
faisons savoir...* ib.: *Je Jehanne, contesse de Chisney devant-
dite, ai gréeit et grée ces marchiet et cest vendage devantdit...*
— Burgund (Rom. VI) XIX p. 24: *Apres ces siegle tres-
passant.* ib.: *Car cant ses siegles finira.* XVI: *cilz Catons
qui fist ces livre.* IX: *a ces siegle vivant.* Ferner pag. 36
v. 14: *Qui saigement se vet tenir / Ces monde li covient aïr.*
ib. v. 28: *an ces monde.* pag. 37 v. 79: *Ces mondes nos
est esanpleres / Que nos devons...* ib. v. 103: *Ces mondes n'est
que ruse et fable.* — Ile de Fr., Liv. des Métiers 2. Teil,
VII. 10: *por tant que il le remaint par ces meismes chemin
que il l'amena.* Neverz 181 (a. 1266): *Ces compes fu feiz
l'an MCCLXVI.*

Unsere Belege zeigen, dass es sich hier nicht um eine
auf einen bestimmten Dialekt beschränkte Erscheinung han-
delt, sondern um einen in ganz Nordfrankreich verbreiteten
Vorgang. Worin lag nun der Grund, dass die Schreiber das *s*
hier anders behandelten als das *t*? Beide waren schon seit
dem Ausgang des 12. Jh. im Gemeinfrz. verstummt, so dass
die Schreiber entweder historisch *cest* oder phonetisch *ce*
schreiben konnten und schrieben.

Nur für die zwei Belege aus Orval vermögen wir eine Erklärung zu geben. Dem Gesetz der allgemeinen Verstummung des *s* vor Kons. widersetzte sich allein die zwischen Malmédy, Lüttich, Namur, Mons und den Ardennen gesprochene wallonische Mundart (Köritz, p. 40 und Suchier, Gröbers Grundriss I. 602). *T* vor Kons. verstummte hier wie im Gemeinfranzösischen, so dass der Schreiber hier sehr wohl *ces* schreiben konnte für das historische *cest*, das im Gemeinfranz. zu *ce* abgeschwächt war. Unsere Urkunde stammt übrigens nicht aus dem hart an der Grenze jenes wallon. Sprachgebietes gelegenen Orval selbst, sondern aus dem etwas nördlicheren, echt wallonischen Chiny. Die Erklärung jenes zweimaligen *ces* ergiebt sich daher wohl mit Sicherheit aus dem Umstande, dass $s^{Kons.}$ im Wallonischen nicht verstummte. Sämmtliche *ce* in diesen Texten haben dann mit *cest* nichts zu thun, sie sind, wie schon oben erwähnt, aus *cel* herzuleiten. Aber wie erklärt sich das *ces* der übrigen Mundarten? Diese Frage wird erst auf Grund genauer dialektischer Untersuchungen zu entscheiden sein.

4. Ein Zeichen der sich allmählich vollziehenden Zersetzung der afz. Deklination ist das wiederholt belegte Eindringen des Rectus in den Obliquus. Zum teil mögen hier Schreibfehler vorliegen, zum grösseren Teil aber scheint das oblique *cil* auf Attraktion an ein folgendes *qui* zu beruhen. Dieselbe Erscheinung findet sich im Plur. wieder.

Unsere Belege sind die folgenden[*]): Rou I 845: *Pour la pour e pur le cri / De Hastein, cil* (Ausg.: *cel*) *Deu enemi,/ S'en sunt li muine tuit fui.* (Schreibfehler). Comp. S 701: *Cil meis li* (Pluto) *cultivouent / Païen et honorouent.* (AC *cel*). (Schreibfehler). Rou II 840: *N'i a cil qui* (Ausg. *nul*). 1008: *N'i a cil ki* (Ausg. *cel*). Rou III A 8460: *N'i a cil d'els ki* (Ausg. *cel*, C: *cellui*). D 2958: *un petit fis... / Se il vous plest, cil vous lerrai* (Ausg.: *Cel se uus plaist, uus*

---

[*]) Die zwei *cist* der Eide gehören nicht hierher. In so früher Zeit ist eine solche Kasusvertauschung undenkbar. Ihre Erklärung nach Koschwitz Kommentar p. 25 s. o.

˻ *liverai).* 3719: *cist nostre seignor conduirez* (AC: *cest;* B: *le).*
4341: *li ont cil mestier reproue* (A: *cel.* B: *ce.* C. *cu).*
QLR. 365₁₅: *de cil bois* („de sylva"). Marie de Fr. (ed.
Roquef.) II 448: *De tute maniere de gent / Vit pleins cist
champ veraiment.* ib. 294: *Li Lions cil si* (le Gopil) *esgarda, /
Iréement li demanda / Purquoi*... Blois XXIX (a. 1298):
nul ne poura entrer ne chasser sans l'assentement de cil qui.
— Besonders häufig im Nordwesten, cf. Morbihan (Bretagne)
p. 153—155 (a. 1248): *a icil Raol* 2 mal, *a cil* Karou 3 mal,
de cil P. 3 mal, *de cil Raol* 3 mal. Görlich, V. 396 f., giebt
weitere Belege: *de cil manaer* (Maine). *de ceix ou de cil devant
ceox ou cil. de cil a qui. a cil qui.* — Corbie p. 471 (a.
1297): *seront tenu a delivrer icheli maufaiteur; et se li maires
et juré laissoient aler chil maufaiteur sans rendre as devant
diz religieux.* Namur p. 187 (a 1282): *nous faisons savoir a
tous ke nous cil vendaghe et cele delivranche loons et greons.*
Yvain P 43: *De chil roi qui.* Rom. de la Rose 1964: *vers
cil qu'il deust losengier.* Conquest of Ireland 1185. Michel: *as
cit jor* (Godefroy). Napp bringt p. 43 zwei Beilege aus Chartres: einmal *cil* statt *cel* (79 ₁₀) und einmal *cist* statt *cest* (75 ₉).

β) Die verstärkten Formen des Sg. Obl.

lauten (entsprechend *lui,* dem betonten Personalpronomen der
3. Pers. Sg. Obl.)

(i)celui, (i)cestui.

Die lautliche Erklärung derselben ist in Parallele zu
stellen mit derjenigen der verstärkten Obl.-Formen des Fem.
Sg.: *(i)celei, (i)cestei, lei.* In Rücksicht zu ziehen sind dabei
auch die entsprechenden Formen der übrigen romanischen
Sprachen.

Thomas, Rom. XII 332 ff., hat die von Diez, Delius,
Chabaneau, Clédat, Schuchardt und Tobler stammenden
Erklärungsversuche zusammengestellt und besprochen. Toblers
Hypothese (R. Z. III 159: *lui ⁓ cui*) habe die grösste Wahrscheinlichkeit für sich. Auch G. Paris, Rom. VIII 463,

nennt sie „en effet très vraisemblable, — bien qu'il paraisse difficile de séparer absolument *lui* de *lei*, *costui* de *costei*."

Thomas, 1. c., umgeht diese Klippe: seine Erklärung der *ui*-Formen geht vollständig parallel zu derjenigen der femininen *ei*-Formen. Er fusst auf Meunier, Mém. de la Soc. de Linguistique I 40, wo dieser die Ansicht aufstellt, *illius* sei = *illi* (alter Genitiv nach der *o*-Dekl.) + *ius* (= *eius*, Gen. von *is*). Thomas überträgt diese Annahme auch auf den Dativ. „Le datif classique *illi* paraît n'être qu'un locatif employé abusivement; le véritable datif masculin de *ille* est *illo*, correspondant à l'accusatif *illum* et au génitif *illi*. *Illo* s'est combiné avec le datif *ei*, comme *illi* avec le génitif *ius*: de là **illo + ei** = *illoei* = *illoi*, de même que *illi* + *ius* = *illius*. Quant au passage de *illoi* à *illui*, il s'est effectué conformément aux lois de phonétique historique du latin, comme celui de *quoius* et *quoi* à *cuius* et *cui*, et de *hoius* et *hoic* à *huius* et *huic*. *Illius* a obtenu droit de cité dans la langue littéraire; *illui* au contraire par une de ces anomalies dont le linguiste ne s'étonne plus, n'a vécu que dans la bouche du peuple, jusqu'au jour où le latin populaire a supplanté le latin classique: ce jour-là *illius* a disparu, *illui* est resté dans les langues romanes."

Was das Fem. *lei* betrifft, so hätte Toblers Grundform *illaece* nach provenzalischen Lautgesetzen nur *letz, lietz*, nicht aber *lieis* ergeben können (cf. *patz* = *pacem*, *vetz* = *vicem*, *votz* = *vocem* etc.). Die wahre Grundform von *lei* etc. sei *illei*, eine Zusammensetzung aus *illae*, dem ursprünglichen Dat. Fem. und *ei* : **illae + ei** = *illaei* = *(il)lei*. Die provenzalischen Formen auf *s* erklären sich nach Thomas als Genitive. *Illius* ist ursprünglich nur Masc.; das Fem. ist *illae* + *ius* = *illeius* = *(il)leis*.

Gegen Thomas' Hypothesen wendet sich W. Meyer, R. Z. X 174 (1886): Meuniers Aufstellungen, auf welchen Th. fusst, „werden in Deutschland von den wenigsten angenommen, J. Schmidt und Corssen sprechen sich thatsächlich dagegen aus." „*Huius, huic* sei ferner nicht wie, sondern höchstens nach *cuius cui* gebildet; denn der Übergang von ô zu û sei bedingt und begründet im *u* von *qu*, eine Bedingung, die bei *huius huic* fehle". Folglich bleibe — und damit schliesst sich Meyer der Ansicht Toblers an — auch für die Erklärung von *lui* nichts übrig als die Analogie zu *cui*. Das Fem. *lei* sei entstanden direkt aus *illae* mit analogisch zum Masc. *lui* angefügten *i*: *illẹi*. „Auch im Gen. Sg. die Geschlechter unterscheiden zu können, mag das *ẹ* von hier aus in den Gen. Sg. Fem. gekommen sein", daher *illẹius* — prov. *leis*. W. Meyer betont besondes, dass „alle diese Formen jünger sind als die geschlechtslosen klassischen", und weist ausser der Analogiewirkung von *cui* noch hin auf die von *huic* und *illuius*; „dass letztere Form existierte, ist durch das mehrfach belegte *ipsuius* durchaus wahrscheinlich."

Auch Darmesteter wendet sich (Mélanges Renier 1886, 145 ff.) gegen die Thomassche Theorie: *Illo* + *ei* konnte nach lat. Lautgesetzen nur *illî* ergeben, und der klass. lat. Dativ *illi* sei aus dieser Komposition entstanden. *Lui* habe eine ganz andere Entwickelung als *cui* und *huic*, denn bei letzteren beiden gehöre das *u* zum Stamm: *cuo* + *ei* = *cuoi* = *cui*, *huo* + *ei* + *c* = *huoic* = *huic*. Gleich W. Meyer schliesst auch er sich der Toblerschen Erklärung an: *illui* analog *cui* (wie auch der vulg. lat. Nom. Sg. *illi*, s. o. p. 8, durch Anlehnung an *qui* entstanden sei). Für Erklärung des Fem. reicht diese Annahme nicht aus, daher Darmesteter hier die Thomassche Hypothese anzunehmen gezwungen ist.

Als letzter hat sich über die viel umstrittene Frage n. W. Schuchardt geäussert, der R. Z. X 482 (1886) seine früher verfochtene Gleichung *illúi*=*illius* preisgiebt und nach Die *z'* Vorgang für *illúi* = *illhúic* [wie auch *illi* = *illhic*] eintritt. Toblers Einwurf, *hic* sei zu wenig volkstümlich gewesen, als dass es eine solche analogische Änderung bewirkt haben könnte, ist nach Schuchardt nicht stichhaltig: nur isolirt konnte sich *hic* (vom ntr. *hoc* abgesehen) wegen der Schwäche seines Lautbestandes im Romanischen nicht erhalten, in Zusammensetzungen dagegen blieb es „geradezu mit Vorliebe" bestehen (*ecce hoc, eccum hoc, ecce hic, eccum hic, ecce hac, eccum hac*), und wie sehr man schon im frühesten Mittelalter in den klassischen Formen *illic, illac, illunc* das Demonstrativ *hic* etc. fühlte, geht hervor aus der im Mittelalter in Hss. lateinischer Autoren oft belegten Schreibung *illhic, ille hic, isthaec, iste haec*. „Dass nun von *illhic* ein Dativ *illhuic* (und darnach wieder im Fem. *illhaeic* von *illhaec*) gebildet wurde, ist (nach Sch.) etwas durchaus Naheliegendes, und auch der Abfall des ausl. *c* ist lautlich durchaus unbedenklich. „Eine Einmischung von *qui* und *cui*" [bei Bildung von vlglat. *illi* und *illui*] sei nicht vollständig zu leugnen, aber sie war nach Sch. „gewiss keine primäre." *)

Eine endgiltige Lösung der Frage — wenn überhaupt eine solche möglich sein wird — müssen wir Berufeneren überlassen. Feststehend ist nur dieses, dass das Mask. *lui* und das Fem. *lei* zurückgehen auf spätlatateinisch belegte *illui* und *illęi*.

Belege für die verstärkten Formen *celui* und *cestui* begegnen in allen frz. Mundarten. Die ältesten Beispiele finden wir in der Passion und der Stephansepistel; vgl. Pass. 144: *celui prendet cui bassœrai*. Steph. 12: *mau veismes cetui* (mit graphischem Ausfall des stummen *s*).

Belege aus dem **Westen** sind für *celui* kaum nötig. Wir geben nur wenige:

Alexius P 8[b]. LPA 14[a]. S 101[d]. Oxf. Rol. 427; hier im Rol. meist *celoi* geschrieben (411. 1520. 1836 etc.), mit einer im Aglnorm. häufigen Vertauschung von *u* mit *o*. Ferner Rou II 279. 2727. III 5638. etc.

Cestui dagegen ist im Westen selten; wir geben sämmtliche Belege, die wir fanden:

Alxs SPA 101[d]: *par cestui aurum boen adiutorie*. 107[c]: *par chestui auerum nus bone aiüe*. Besant 1130:

---

*) Nur beiläufig erwähnt sei noch eine von Behschnitt, p. 20 (1887), aufgestellte Erklärung von *lui* etc. B. macht es „gar keine Schwierigkeit" *lui* von *(il)lú(m)* abzuleiten. Wie lat. *su(m)* (= frz. *sui*) unter dem Einfluss von *fui*, so habe *(il)lú(m)* unter dem Einfluss von *moi, tói* ein *i* angefügt erhalten. B. vergisst dabei, dass *lui* (bei Du Cange schon aus Marculfus — etwa 660 Mönch in der Pariser Diözese — belegt) Jahrhunderte älter ist als die aus *mē tē* herhervorgegangenen *mei tei — moi toi*.

cestui a diable acrochie, qui ... 3116: *vers cestui qui* .. Cambr.
Ps.: 74₇ (2 mal), *icestui* 100₅. Oxf. Ps.: 74₇.₈.₈; *icestui* 74₇.
100₆.₇. Marie de Fr. II. 298 (Roquef.) *a chestui dist que* ...
QLR. 59₅: *ne cestui n'ad pas Deu eslit.* 84₁₇: *al loenge cestui.*
179₈: *cument volez cestui ocire;* ferner 59₆. 212₆. Adga|r
11 mal: 54₁₃₉. 86₁₄₈. 98₂₉. 102₇₀. 104₈₉ (2 mal). 104₄₀. 110₉₂₈.
112₇. 119₈₈. 163₈₄. Belege für den NW. und den SW.
giebt Görlich.

Vereinzelt finden sich in den Denkmälern des Westens
für *celui cestui* (Masc.) die pik. Formen *celi cesti*, und im
Aglnorm. die Formen *celu cestu.*

Letztere entsprechen den aglnorm. Lautgesetzen; $ui > u$
(cf. *fruit > frut*) infolge des Überwiegens des ersten diphthon-
gischen Elementes über das zweite. Jene pik. Formen hin-
gegen lassen sich lautgesetzlich nicht erklären: es giebt kein
Lautgesetz, dass *ui* im Pik. zu *i* werde. Sicher vollzog sich
jedoch auch in der Pikardie im 12. Jh. der gemeinfrz. Über-
gang von *úi* zu *üi*. Wenn das Pikardische noch eine Stufe
weiter ging: *üi* > *i*, so kann dies nur der Analogiewirkung
des — auf anderen etymol. Grundlagen beruhenden Femininums
zuzuschreiben sein. Unsere Belege sind die folgenden:

Cumpoz S 999: *ki de celi* (pain) *mangerat / Ja mais
faim nen avrat.* (Der Cump. kennt sonst weder *celui* noch
cestui). Marie de Fr. 3 mal gegen 30 *celui;* cf. 28₅₇₅: *Qui
la boucle porrat ovrir / Sans depescer e sans crasir / Il li
prie que celi aint.* Ferner in Roquef.'s Ausgabe I 556 und
II 398. Adgar: 3 *i*-Formen gegen 8 *celui* + 11 *cestui*.
Vgl. *celi* 230₈₄. 236₉₂; *cesti* 52₇₂. QLRois: 10 *celi* gegen
12 *celui* + 5 *cestui.* Vgl. 135₈: *Celi ki* („eum qui") *la mort
Saül me nunciad.* Ferner 49₂. 109₁₀. 135₈. 137₈. 141₈.
158₁₁. 1₈. 339₅. 380₆. 424₁₆. Napp, p. 43, konstatiert, dass
im Liv. d. Mir. 1 mal *celi* stehe statt gewöhnlichem *celui*:
69₂₃ : *celi leu.*

Die Verengung des Triphthonges *üi* zu *ü* zeigt sich in
folgenden Belegen aus dem **Anglonorm.**: Chardry 219: *L'en-
fant ke vus ici veez / Mut hautement est curonez / D'autre*

reaume ke de cestu (: aperçu). Ferner 389. 371. 506. 1323. 1451. 2873. Adgar 25 213: *Plus apert miracle ne fu ueu / Cum cestu dont auez oi.*

Der NW. und der SW. kennen weder das pik. (Masc.) *celi cesti* noch das aglnorm. *celu cestu.*

Im Pik.-Wallon. des 13. Jh.'s sind, wie in allen anderen Mundarten *celui cestui* die gebräuchlichen Formen. Gegen Ende des 13. Jh.'s jedoch macht sich die Tendenz geltend, den femininen Formen *celi cesti* auch die Funktionen des Masculinums zu übertragen (s. o. p. 38). Das allmähliche Überhandgreifen der *i*-Formen lässt sich an der Hand der Urkunden zeitlich genau verfolgen:

Amiens hat bis zum Jahre 1300: 15 *celui*, kein *celi;* von 1300—1325: 8 *celui*, 14 *celi*. Im Jahre 1305 (p. 326) finden wir die ersten Belege jener jüngeren Form: *a cely jour* und *cheli qui l'encuse doit XL jours de penanche.* Weitere Belege: *cheli* 367 bis (a. 1316). 381 (a. 1318). 382. 399 (a. 1324). 406 (a. 1318). 407; *chelli* 414 (a. 1324); *icheli* 402. (a. 1324); *ychelli* 393 bis (a. 1323). 411 (a. 1324).

In Corbie findet sich *celi* schon im Jahre 1297, und zwar in derselben Urkunde 4 mal gegenüber 5 alten Formen (*chelui* 466. *chestui* 468 4 mal); cf. *icheli maufaiteur* 470. 471 (bis). *cheli maufaiteur* 470.

Eine Urkunde aus St. Riquier vom Jahre 1318 weist schon 7 jüngere gegen 1 alte Form auf; cf. 592: *de cheli empeeskement.* 589: *de ycelli empekement.* 592: *en chesti article.* 595: *par chesti accort.* Ferner *cheli* 589 (bis). *chesti* 595. Dagegen 594: *en chestui accort.*

Ponthieu hat 1254—1300 2 *chelui* : 1 *cheli;* 1300—1333 4 *chelui* : 9 *cheli*. Das erste *cheli* stammt aus dem Jahre 1273; cf: 12 54: *a ses oirs ou a cheli ki le lettre porteroit.* Weitere Belege: 27 19. 20. 25. 29 66. 175. 31 144. 32 82. 35 66.

Hennegau hat bis zum Jahre 1300 nur ein *celi* gegen 14 *celui cheluy;* cf. LXX. p. 419 (a. 1271): *de celi meismes liu.*

Tournay weist ein *celi* schon im Jahre 1216 auf: 7 9: *por celi (Nicholon) a aquiter.* Da wir jedoch neben 11 *celui*

+ 1 *cestui* (16 ₈) bis Ende des Jh.'s kein einziges *celi* oder *cesti* wieder vorfinden, werden wir diesem einen Belege wenig Vertrauen schenken können.

Namur hat 1250—1300: 53 *celui* + 1 *cestui* (273). Im Jahre 1281 tritt das erste *celi* auf: Cartul. XVI 21: *pour bien ahiritier nostre chier singneur ou celi qui serat en son lieu*. Bis zum Jahre 1300 begegneten uns nur noch 8 weitere Belege für *celi*: Cartul. XXXII 40 (a. 1292): dreimal *en celi cas*. XL 54 (a. 1298): *a celi ki* (ib. *celui*). XLIII 59 (a. 1300): *de celi termine*. ib. 60 (a. 1300): *de celi bestenc* (ib. *de celuy bestenc*). Ferner Chartrier LVIII 202 (a. 1284). Cartul. XXVI 33 (a. 1290).

Orval hat 1250—1275 7 *ui*-Formen gegen 1 *celi*. 1276 bis 1300 6:2. Vgl. Nr. 451 (a. 1272): *do ban de Buiri et de celi de Alondriaz*. 506 (a. 1284) und 509 (a. 1285): *a celi dismage*.

Nach Ausweis unserer Urkunden vollzieht sich demnach der Übergang von *celui cestui* zu *celi cesti* im Pik.-Wallon. gegen Ende des 13. Jh.'s; oder — wenn wir auch hier annehmen dürfen, dass die Aussprache der Orthographie vorausgeeilt ist — vielleicht schon um die Mitte des 13. Jh.'s Die ersten Spuren zeigen sich im Pik. sowohl wie im Wallonischen kurz nach dem Jahre 1270.

Sehen wir nun, wie sich hierzu unsere litterarischen Denkmäler verhalten.

Beaumanoir (†1296) hat 5 mal *celi* gegen 56 *celui* + 4 *cestui* (Manek. 1671. 6026. Jeh. 2309. 2356). Vgl. Manek. 1321: *trestout celi jor*. 6719: *Un jour le senescal manda.../ A celi li rois se complaint*. Ferner 6683 (: anui). 8145. S. d'. A. 880: *(Ele) ne puet que ne pense a celi / Qui pour li sueffre si grant soing. / Et quant ele set son besoing / Plus tost a amer l'entreprent*. Des Dichters wahre Aussprache können wir aber nicht nach den genannten orthographischen Verhältnissen, sondern nur nach seinen Reimen beurteilen. Leider steht uns aber nur ein einziger beweisender Reim zu Gebote. Denn Reime wie *celui: anui: cestui: (fructus ventris) tui* —

Manek. 877. 5704. 6026. 6667. Jeh. 5241 — beweisen nichts.
Ebenso die Reime *celui : anui* Manek. 6683 und *celui : li* Jeh.
1002. Einzig beweisend ist *celui : embati* Manek. 3403, und
dieser Reim lehrt uns, dass Beaumanoir zwar im ganzen an
der alten Schreibweise noch festhielt, dass er aber schon *celi
cesti* sprach.

Die Aiol-Hs. hat 2 *cesti* gegen 21 *celui* + 5 *cestui* (652.
874. 1527. 5854. 9121). Vgl. 845. 5589. Reime fehlen.

Elie hat ein *cesti* gegen ein *cestui* (1946) + 4 *celui*
(487, *chelui*: 1041. 1238. 2722); cf. 91: *Nous n'auons mais
nul oir fors cesti qui est ber*. (Fœrster: *cestui*). Beweisende
Reime fehlen auch hier.

Im Octavian begegnen nur die alten *ui*-Formen. Reime
fehlen.

Aucassin kennt die verstärkten Formen nicht.

Richars hat 2 *celi* (758. 2404) gegen 15 *celui* + 4 *cestui*
(31. 672. 4310· 4507). Fœrster schreibt in beiden Fällen -*ui*.
Die Reime beweisen nichts: *chestui : ancui* 31, *chelui : nullui*
1880, *cestui : hui* 4507.

Der zweite Verf. des Raoul de Cambr. hat nach Görke,
p. 29, statt *lui celui* öfter *li celi*, „im Versinnern nur *celi* und *li*".

Im Gui de C. werden (nach Krull 33) *lui* (Obl. masc.)
und *li* (Obl. fem.) im Reime streng auseinander gehalten.
Auch beim Pron. demonstr. vermutet Krull dieselbe strenge
Trennung. Er führt dazu folgende Reime an: *cestui : anui* 29 [8].
chelui : anui 53 [11]: *dui* 154 [6]; aber *cesti : bailli* 158 [5]. *cheli :
bailli* 262 [85]. *cheli : enrichi* 102 [12]. 262 [85].

Im 14. Jh. verschwinden *celui cestui* immer mehr zu
Gunsten der *i*-Formen.

Froissart hat nur noch 9 *celui* + ein *cestui* gegen 34
celi + 18 *cesti*. Vgl. *Celui:* I 1668. VI 819. 3956. 4863.
IX 103. 111. 121. XI 280. 322. *Cestui:* VI 4942. — Dagegen IV 1563: *celle ou cheli*. 2289: *en celi tamps*. VI 5014:
il n'i a celi ne celle qui. VI 5055: *ne celle ou celi*. Ferner
II 15. III 284. 4165. IV 25. 509. 650. 3343. V 15. VI 2879
etc. *Cesti* VII 234: *n'i avoit ceste ne cesti qui*... Ferner

I 470. 909. 966. II 224. 1174. III 798. 1056. 1128. 2591. 3618. 3640. pag. 324 (bis). pag. 325. VI 605. 2154. 4338. Zu beachten ist der Reim *cesti : vesti* VI 4117. Die *vi*-Formen sind für Froissarts Zeit sicher nur rein graphisch. An der Orthographie unserer alten wallonischen Texte (Dial. Greg., Hiob, Sermo) lässt sich der in Rede stehende Wechsel von *ui* und *i* noch nicht nachweisen. Es herrscht ausnahmslos *(i)celui (i)cestui*. Vgl. Dial. Greg. 32 10: *par icelui a cui tu uas*. 50 9: *Icestui uus peres... par enuoiez messages tost rouat ke il...* 265 10: *A icestui malade*. Hiob 308 26: *Cestui enlacet orguez, cestui puescelestre sorplantet irors. Cestui cruciet auarice, celui enflammet luxure*. Weitere Belege für *cestui*: Dial. Greg. 9 21. 17 8. 17 24. 21 7. 55 15. 122 17 etc. Hiob: 362 22. Der M. Brut schliesst sich diesen wallon. Texten an: Er kennt nur *celui*: 110. 1408*(i-)*. 2083. 3240. 3722. 3791 und ein unsicheres *cestui* 3769, das des Versmasses halber besser durch *cest* ersetzt wird (cf. die Anm. des Herausgebers): *De cestui Silvi eissi Brutus*.

Die **Lothringischen** SSBern. zeigen, wie jene alten wallonischen Texte, durchaus die gemeinfrz. Formen *celui cestui*. Aber der aus dem 14. Jh. stammende Psalter kennt gleich den späteren wallon. und pik. Texten auch die Verengung des *ui* zu *i*: er hat 43 *celui*: 10 *celi*. Ganz selten (2 m.) finden sich hier auch Beispiele für die im Lothringischen sonst häufige Reduktion des *ui* zu *u* (cf. Apfelstedt, Lothr. Ps. pag. XXXV).

Belege für *celi*: 145 8. V. 22. VI. 31. 32; (als Rectus:) 31 10. 88 10. 100 6. 108 10. IV. 12. VI. 7. Für *cestu*: 74 8: *de cestu en celui et de l'un en l'autre*. IV. 19: *jusques a tant que ton pueples soit tout passeiz, cestu meisme que tu ais acquis et possideid*. Ebenso Morville 128 (a. 1232): *a cestu claim*.

Die **Franche-Comté** kennt nur *celui cestui*. So im Yzopet: 8 *celui* (443 492. 559. 1448. 1784. 1840. 2046. 3203) und 4 *cestui*. Cf. 928: *qui sor tout cestui gain demande*. 1163: *de cestui (serpent) ne doiz pais entendre*. 1676: *Raisons a uerai bien l'amoinne, / Non a cestui ou pert sa poinne*. 3117: *se cestui puez tu deccvoir*. 443: *Maues est, qui celui consoille*.

492: *Car nuns ne doit mal gré savoir / A celui qui fait son devoir.* Breuer (Gir. de Rouss.) und Wendelborn (Végèce) führen keine verstärkten Demonstrativa an. Sie konstatieren p. 28, bez. 33, mit Fœrster Yzopet XXXIV, dass im Dialekt der Franche-Comté der Diphthong *ui* die Neigung habe, sich zu *ü* zu reduzieren. Aus der konsequenten Orthographie des Yzop. dürfen wir daher keinen Schluss ziehen auf die Aussprache von *celui* und *cestui*.

Aus **Lyoner** Urkunden belegt Zacher p. 48 ein *setui*. Zur Orthographie dieser Form vgl. p. 3 und 27.

Wie im Lothringischen und dem Dialekte der Franche-Comté lässt sich auch im benachbarten **Burgundischen** die Reduktion des *úi* zu *ü* belegen; cf. Burguy I 154: *de celu duc* aus einer Urkunde vom Jahre 1252 in Hist. de Bourgogne par un religieux bénédictin. Dijon, 1739. *Por le meillor de France n'estuet cestu changier* aus Jean Bodels chanson des Saxons ed. Fr. Michel, Paris 1839. I. 112. *Sires, dist li dus Naymmes, cestu avons perdu* ib. I. 139. Die in Rom. VI und VII gegebenen burgundischen Stücke kennen nur die gewöhnlichen Formen *celui cestui*.

Ebenso alle unsere Texte des frz. **Centrums:** Yonne, Neverz, Champagne (Crestien, Reims und Joinville), Ile de France (Rusteb. und Liv. des Mét.).

Die Crestien-Hss. Cliges RT und Yvain P kennzeichnen sich auch hier als pikardisch durch folgende Belege für die *i*-Formen: Cliges R 3927: *C'est por cele et por celi* (: *enui*). T 5280: *Venez matin a moi parler, / Si dira chascun son panzer / Et ferons a oevre venir / Cheli que miauz voudrons tenir* (alle anderen Hss.: celui). Yvain P 6575: *por celli affaire* (die anderen Hss.: cest). 3532: *Que fet que ne se tue / Cheli qui joie s'est tolue?* (VHFAS: *cil las qui*).

Bei Joinville kommt neben 7 *celui* und 2 *cestui* (S 24 und 92: *de cestui jour en auant*) ein *celu* und ein *celi* vor. Vgl. L^{bis} 26: *au dit official ou a celu ki sera an lou de lu (!)*. L 51: *de celi mesimes bois*. Ersteres in einer Urkunde, die nach p. 193 nicht in Joinville selbst geschrieben worden ist, sondern von einem Jacques de Courcelle, clerc de l'officialité de Langres. In Langres aber — nahe der Grenze der Franche-Comté — kann, nach oben Gesagtem, *u* für *ui* nicht auffallen. Für das einmal vorkommende *celi* jedoch vermögen wir einen fremddialektischen Einfluss nicht nachzuweisen. Ebenso für das neben ungezählten *ui*-Formen in der Rustebeuf-Hs. B vereinzelt stehende *celi*; cf. 194$_{26}$: *Qui orroit coment ele proie / Celi qui de son cors fist proie.*

c. Plural Nominativ.

a. Echte Nominative: ecce illi, -isti.

Die lautgesetzlich aus *ecce illi, -isti* im Afz. sich entwickelnden Formen lauten:

(i)cil, (i)cist.

Über ihre Erklärung siehe oben p. 7. Wir geben Belege (für das äusserst seltene *icist* sämmtliche, die uns begegneten):

Alxs P 100^e: *cume felix sunt icil qui*... A 100^d: *icil seignur.* Comp. S. 511: *icil jur furent... signifiet...* A 552. CLSV 1240: *icil qui.* Adgar 61$_{115}$: *Tuit icil eurent grant Dolur.* 71$_{170}$: *Ore erent pour si tremblerent / Jcil ki...* Beaumanoir Man. 2848: *ichil recurent bien leur perte.* Aiol 8233: *icil soient honi.* Dial. Gr. 106$_{22}$: *icil dissent ke...* — Oxf. Rol. 1023: *Icist ferunt noz Franceis grand irur.* Oxf. Ps. 3 mal *icist*, cf. Meister. Rou III B 8497: *icist furent.* Mar. d. Fr. II. 418 (Roquef.): *icist turment sunt...* 427: *Icist frere qui a lui vindrent.* Görlich F. St. III. 150 giebt Belege aus dem SW.: Pred. 130$_{25}$. 145$_8$. 207$_{11}$. Dial. Greg.: 11 mal *icist* (gegen 1 *cist* 214$_{15}$), cf. 146$_{16}$: *icist fait moi plaisent.* 167$_{18}$: *ce tesmoignent icist sei miracle.* Ferner 72$_8$. 163$_6$. 171$_{10}$. 176$_2$. 228$_5$ 247$_{21}$. 260$_{11}$. 276$_6$. $_7$. Rusteb. C 37$_{68}$: *Icist dui firent deus biaus cous.*

Belege für *cil* und *cist* sind kaum nötig, wir geben nur wenige: Jonas II. 22: *cil homines.* ib. 27: *e cum cil lo fisient.* Hoh. L. 44: *Cil me toruerent* ib. 47: *Grant tort munt fait cil chi*... Stephansepistel 41: *cil qui le segueient.* ib. 16. 17. Alexius P 48^d: *Ne il nel dist ne cist nel demanderent.* Rou III 8091: *Cist uont auant, cil retraient.* '8096: *Cist enpierent e cil amendent.* QLRois 134 8: *cist dui uassal.* Tournay 19 25: *tout cist VIII home.* 21 8.15: *cist quatre frere.* Beaumanoir Man. 2682 | 83: *cist vinrent au tornoiement / A Gornay sont cist discendu.* Orval 256: *cist quatre.* 404: *tuit cist desor nomeit.* 269: *repranront cist exequutors.* Aucass. 6 27: *Il i vont ... cil viel clop et cil manke, qui... Icil vont en paradis.* SSBern. 46 27: *se cil ne sunt primiers espurgiet de lor felonie et cist de lor ort deleit, ensi ke des or mais fuyent cil de tote lor cusenzon ceu qu'il ont uomit, et cist la palut del brau.* 153 10: *Cil acomplirent mans tens assummeis en brief tens, mais cist traissent lonz martires et diuers.*

Diese Formen sind die durchaus herrschenden in der ganzen afrz. Zeit. Aber schon frühzeitig wurde ihnen von zwei verschiedenen Seiten her Konkurrenz gemacht:

1) durch die Formen mit flex. *s* und
2) durch die in den Rectus eindringenden obliquen Formen.

Die Formen mit flex. s: cil + s, cist + s sind dieselben wie im Sing.: *cils, cilz, cius; cis; ciz* (s. o. p. 9). Für *cis* ist auch hier eine Erklärung aus *cis(t)* nicht ausgeschlossen. Alle diese Formen sind vor dem Jahre 1300 nur sehr selten zu belegen und sind frühzeitig der Konkurrenz der aus dem Obl. eingedrungenen Formen unterlegen. Der ganze Westen*) kennt sie nicht, ebenso die meisten Denkmäler des Zentrums, Nordens und Ostens. Unsere Belege sind die folgenden:

Aiol 3082: *Cis borgois m'escarnissent...* 3305: *Cis sont de la maisnie al roi gentil.* 4845: *Cis troi valet.* 10711: *cis dui uasal.* Ferner 1955. 2830 *(chis)* 3087. 4366. 10700. Elie 272: *Cis sept furent tout roi, les corones es cies.*

---

*) Als Schreibfehler zu betrachten ist ein *cis* Oxf. Rol. 3082: *cis les ferunt.*

Octavian 4638: *Cis glotons ont nos diex blames.* — Chimay p. 139 (a. 1241): *cis de Vaucler me doivent* — Orval 287 (4 mal) *cilz d'Orval.* 449: *Cilz ki tenront les molins.* 334: *ciz quatre muis.* 399: *Cis d'Orval.* 496 (p. 522): *Cis trois mot.* Häufiger nach dem Jahre 1300, cf. 581. 584. 598 (p. 652): *cilz;* 567. 584: *cils;* 567. 577 (bis) 584 (quater): *cis.* Yvain P (pik.!) hat einmal *chix;* 3265: *Tant que chix qui fuient estanchent.* — Blois XXVIII: *cils qui ont.* Der Yzopet hat wie im Sing. so auch im Plur. eine Vorliebe für die Form *cilz* neben *cil.* (Verh. 7:10; *cist* etc. fehlen.) Vgl. 285: *Cilz quatres con loiaus amis / Foi et amour se sont promis.* 289: *Cilz quatres qui sont aiostey.* Ferner 122. 339. 1092. 1300. 2974. Liv. d. Mét. XXXI 3: *tuit cilz qui.* L 19: *ycilz T. peussent.* Aus dem Pik. führen Görke, p 38, und Neumann, p. 102, noch Belege für *cis* an. Beide erklären diese Form aus *cist* mit Abfall des *t*, was wir kaum annehmen können, da weder Raoul de Cambrai (Schreiber und Verf. cf. Görke, p. 59) noch Vermand. in das von Köritz p. 40 u. Suchier p. 602 näher bezeichnete Erhaltungsgebiet des $S^{Kons.}$ gehören. Ohne Zweifel sind diese beiden *cis = cists* zu setzen.

Ausser den Formen *cil, cist, cil + s, cist + s* und *cis(t)* sind noch einige seltene Nom.-Formen des Plurals zu besprechen:

1. Die Urkunden aus der Gegend von Orval schreiben überwiegend **cilh** für *cil* (Verhältnis 68:51). Das *h* deutet, wie oben, p. 16, gezeigt, die Mouillirung des *l* an. Wir geben Belege: No. 491: *ilh et cilh qui apres yaus seroient.* 584: *cilh d'Orvaulz disoient que cis de la dite ville de Lus devoient...* 567: *Cilh que cis d'Orvaus avoient trait li soufisoient bien.* 272. *tot cilh qui cest escript verront.* Ferner ib. (3 mal). 279. 287 (4 mal). 308. 325. 326 (2 mal). 379. 396. 398. 410. 412 (4 mal). 415. 418. 421. 427 (2 mal). 440. 448 (2 mal). 449. 454. 465. 480. 496 (6 mal). 502. 505. 506. 509 (3 mal). 510 (3 mal). 512 (4 mal). 517 (2 mal). 521. 533 (3 mal). 564 (2 mal) 567. 570. 571. 572.

Einmal findet sich die wohl gleichbedeutende Schreibung *cill*: 560: *cill qui demouront ou leu desourdit.*

Godefroy belegt ein *chilg* aus Rich. de Fourn., best. d'amour, Ms. Dijon 299. f° 31 r°: *chilg qui vont en l'ost*.

Die Urkunden, in denen obige Belege für *cilh* (mit *l*) begegnen stammen aus Orval, Chiny, Ivoix (= Carignan), Cons, Virton, Aufflance, Marigny, Montmédy, Latour, Longuion, Juvigny, Mellier, Neufchâteau, Laferté, Pierrepont und Looz: — sämmtlich im wollonischen Sprachgebiet gelegen, [bis auf letztgenannten Ort: Looz nordwestl. von Lüttich] nahe bei der Abtei Orval. Die äussersten Punkte, in denen wir *cilh* nachweisen können, sind Ivoix (= Carignan) im Westen (cf. die Urkunden 506. 517. 415), Juvigny im Süden (cf. 398. 418. 427. 567), Pierrepont und Cons im Osten (cf. 308, bez. 379. 496), Looz im Norden (cf. 564. 567). Allen anderen Distrikten des frz. Sprachgebietes ist diese Form fremd.

2. Einige Male findet sich, wie im Sing., die Form ci vor Kons., die sich auch hier sowohl aus $ci(l)$, wie aus $ci(s)t > ci(t)$ erklärt, aus *cist* natürlich nur in den Mundarten, die $S^{Koss.}$ bewahrten. Vgl. die Belege:

Aiol 3021: *Mout m'aront gabé tout chi gloton*. Aucassin 6₂₇: *Il i vont ci viel prestre*. Yvain A 6049: *Li anemi sont ci meisme qui* (PHSVG *cil*). Cliges M 758: *Ouant ci troi me sont anemi*. (SAPCR *cist*, B *cil*; *cist troi* = phon. *sitroi*). Chev. as II esp. 1933: *ci chevalier* und 4865: *ci doi uallet*, beide *ci* von Fœrster p. LX gleich *cist* gesetzt; ferner ib. 2004: *ci* XX chevalier. — Lég. de Gir. de Rouss. 116: *Ci prirent lour armes et... les atindrent...* (lat.: „at illi, sumptis armis... eos consecuntur" etc.). Les deux chevaliers (Rom. VI) p. 38. v. 179: *ci robaor*. Aus Raoul de Cambrai bringt Görke p. 38 noch 2 Belege für *ci*: 4334 und 4489*).

3. Eine seltene Übertragung des Obl. Sg. in den Rect. Pl. liegt vor in Rou II 433: *Tuit icelui ki de north erent ne*.

---

*) Als Gegenstück zu der Weglassung des stummen *l* in *cil* erwähnen wir die Schreibung *ilcil* und *ilceli*. Vgl. Rom. VI 15. v. 115: *ilcil qui ont*. Liv. des Mét. I 51: *ilcil a qui*... ib. LXXIV 12 (Ms. Sorb.): *que ilceli ouvrier face*... Godefroy: *ilcel servise* (G. de S. Pair. M. S. Michel, 2808. Michel).

Der Herausgeber schlägt vor *tuit icelui* durch *tute icele gent* zu ersetzen. Einen analogen Fall zitiert Görlich F. St. V. 396: *ceuli* (sic) als Nom. Plur.

β. Die aus dem Obl. eingedrungenen Formen.

Das Eindringen der obliquen Formen *ecce illos, -istos* vollzog sich sporadisch schon seit den ältesten Zeiten. Frei davon sind die ältesten Denkmäler, Alxs PA, Rou I, Rou III ABD, Adgar, Oxf. Ps., Brandan; von den Denkmälern des Ostens (vor 1300): Amiens, Corbie, Mahom., Elie, Aucass., Tournay, Richars, Ponthieu, Namur, Dial. Greg., Orval, M. Brut, Hainaut, SSBern., Yzopet, Lég. de Gir. de Rouss., alle Hss. des Yvain und des Cliges ausser Hs M beider Texte, Joinville und Reims. In den übrigen Texten treten die obliquen Formen schon sproradisch auf, früher im Westen als im Osten. (Die lautl. Erklärung der afz. Formen s. u. beim Obl. Pl.) Wir geben die Belege, zunächst aus dem **Westen**:

Alexius (1 *cels* gegen 8 *cil*), cf. L 100°: *com felix cels ki par feit lenorerent*. Oxf. Rol. 3796: *Icels d'Alverne i sunt li plus corteis*. Auban 650: *ceus*. Karls R. (1 *ces*: 4 *cil*) cf. 756: *Cest sūt ancant (Cil sont enchanteor)*. Marie de Fr. (Roquef.) hat (neben 5 *cist* + etwa 100 *cil*) 5 oblique Formen im Rectus. Vgl. I 256: *E tuz ceus qui.. Ne poeint plus avant aler*. (Warnkes Ausg.: *Tels i ot qui..* Hs. H.) Ferner II 428 (*cels*), 466 (*ceux*), 193 (*cialx*) und 245 (*ciaus*). Rou II hat (neben 3 *cist* + cc. 70 *cil*) 3 obl. Formen; cf. 917: *Quant il out la parole que ceuls distrent oie*. 3398: *Ceulz ki sunt deca.. ne passeront*. 3517: *Ceulz de Roem oirient cels de l'ost bareter*. Rou III C hat 6 *ceulx* (gegen 3 *cist* + cc. 100 *cil*), 8481: *La grant gent que ceulx (D! il) menerent*. Ferner: 8906. 8459. 8481 8495 8547. 8553.

Am weitesten vorgeschritten unter den norm., bez. angl.-norm. Texten sind: Comp., QLRois und Chardry. Comp. LVA haben 2, C 3, S 5 oblique Formen (gegen 4, 5, bez. 7 *cil*). Vgl. Comp. 552 C: *E empur ço icels / Ki primes le truverent,/ Cest num li enposerent*. 682: *quant li Rumain virent / Que ceus de hors fuirent.* 802 LVS: *E pur cez achaisuns / Furent truvet ces* (CA: *cez) nuns* 1042, 1082 S: *E pur cez achaisuns / Issi ces meis unt nuns.* 2939 CLSV: *Ces* (A: *cez) concurrenz qu'i sunt, / Par vint et uit anz vunt.* In QLRois überwiegen die aus dem Obl. eingedrungenen Formen schon um ein geringes: 3 *cels* + 12 *cez* (167 $_4$. 273 $_7$. 273 $_{12}$. 378 $_{14}$ etc.) + cc. 100 *ces* gegen 2 *cist* (134 $_8$. 213 $_5$) + cc. 90 *cil.* Vgl. 34 $_1$: *Cume ço virent cels ki...* 48 $_8$: *E cels de Israel par tut s'alierent as lur* („sociati sunt sibi"). 184 $_8$: *Cume cels s'en furent parti.* 338 $_{18}$: *Cume cez princes virent le curre le rei.* 47 $_7$: *Cume ço virent ces del ost.* Chardry kennt neben 15 *ceus* (47. 71. 573. 597. 818. 1283. 1407. 1673. 2001. 2029. 2037. 2395. 2567. 2621. 2794) nur noch ein *cil* (1329); cist etc. fehlen.

In den NW. Mundarten sind nach Görlich in der 2. Hälfte des 13. Jh.'s die alten Nominativformen schon durchweg verdrängt durch die Obliquusformen.

In den litterar. Denkmälern des frz. **Ostens und Centrums** tritt der Obl. nur sehr selten an Stelle des Rectus auf; in den von uns durchgesehenen Urkunden niemals.

Beaumanoir hat nur einmal *ciaus* (gegen 2 *cist*: Manek. 2682. 2683 und cc. 70 *cil*). Vgl. Manek. 5761: *Trestous ciaus / Qui de cuer vous servent sont saus.* Aiol hat ein *iceus* (neben 70 *cil*, 9 *cis*, 1 *ci*). Cf. 246: *Fieus, quant iceus fauront, dex est es cieus...* Octavian 4650: *Ceus sont en molt mauues liens.* Hiob: 2 *cez* (gegen 6 *cist* und cc. 60 *cil*); cf. 336 $_{17}$: *cant il soi ueoit auoir osses de uertuz, et nekedent cez osses mimes trembleuent.* 336 $_{20}$: *par tant ke cez soes osses trembloient.* Cliges M: ein *ces* gegen etwa 40 *cil* + ein *cist* (3829); cf. 2085: *Ces* (TR *chil*, PCM *cist*) *cinc font duel de lor seignor.* Yvain M 3181: *Einsi sont tuit cels preus por luy.* Rustebeuf hat *ces*: 70 $_4$ B. 70 $_5$ B. 190 $_{44}$ A. *cels*: 196 $_4$ A. Vgl. 70 $_4$ und 70 $_5$: *Ces* (A *cil*, C *cist*) *quatre ont...* 190 $_{44}$ A: *Neis ces paisanz des vingnes vuelent auoir bon paiement.* 196 $_4$ A: *Cels qui ont les cuers purs et mont / Doivent tuit deguerpir le mont.*

Zu erwähnen sind noch die mehrmals als Obl. Pl. belegten Formen **cel cest.** Wie oben *cil* und *cis* werden wir auch diese Formen besser nicht durch die Neumannsche Hypothese erklären, sondern sie auffassen als *cels* und *cests* mit abgefallenem S^{Kons}. Wir geben die Belege:

Rou II 2105: *Si distrent cel ki sorent...* QLRois 191 ͦ: *Lores levad li reis, si s'assist a une porte. E cest del host le sourent: e vindrent tuit devant le rei.* Turpin I: 3 mal *(i)cest,* II: einmal *icest.* Cf. Görlich III 150. Amiens p. 287: *Et valent par an chest doi quart chascuns entour trois vint dis livres.* Orval 328 (a. 1259): *Cel de Orvas ont fat a devant dis freres paement entier.* 363 (a. 1260): *Sachent tuit cel qui verront et orront ces lettres que...*

Dies sind die wenigen vor dem Jahre 1300 konstatierbaren Fälle für das Eindringen des Obl. Pl. in den Rectus. Wir wiederholen: *cil* und *cist* sind bis zum Ende des 13. Jh.'s durchaus herrschend. Daneben treten im Osten vereinzelt *cil + s, cist + s* und *cis(t)* auf, sowie im ganzen französ. Sprachgebiet, besonders aber im Westen, sporadisch die dem Obl. entlehnten Formen.

d. Obliquus Pluralis.
α) Ecce illos.

Lautgesetzlich entwickelte sich ecce illos zu *(i)cęls,* und diese Form war bis gegen Anfang des 12. Jh.'s allen Mundarten gemeinsam. In der ersten Hälfte des 12. Jh.'s begann das ę offene Aussprache anzunehmen *(cęls),* und zugleich vollzog sich die allmähliche Auflösung des — wie jedes $l^{Kons.}$ — velaren *l* zu *u;* um die Mitte des Jh.'s ist diese Vokalisierung in den meisten Mundarten durchgeführt.

Wo die Vokalisation eintrat noch ehe das ę offen geworden war, entstand *cęus* durch die Mittelstufe *(ce^{u}ls =)* *ceuls*. Dialektisch wird das Vokalisationsprodukt des *l* auch *o* oder *ou* (= phon. *u*) geschrieben: *(ce^{o}ls =) ceols ceous ceos.*

Wo das ę offene Aussprache angenommen hatte, bewirkte das velare *l* Brechung des ę zu *ea*), (ce^{a}ls ci^{a}ls)* — *ceals*

---

*) cf. Koschwitz Überlieferung und Sprache 47.

cials — und mit Vokalisation des *l* : *(ceauls ciauls) ceauls ciauls* — *ceaus ciaus*.

Ceus (ceous ceos) sowohl wie *ceaus (ciaus)* konnten schliesslich noch eine Stufe weiter: zu *c̨s* bez. *ceas (cias)* entwickelt werden.

Für die alte Schreibung *cels* geben wir folgende Belege aus den ältesten Denkmälern: Eulal. 12. Stephansep. 7. Hoh. L. 88. Passion 307. Alexius A 25^c. P S M 102^d. Unter den **westlichen** Sprachquellen sind noch frei von den vokalisierten Formen der Oxf. Rol. und die Cumpoz-Hss. AC. Das *l* hat hier sicher noch seinen konsonantischen Wert.

Vokalisation des *l* in der Aussprache ist dagegen schon anzunehmen in Oxf. Ps. [Meister], Cambr. Ps. [Fichte], QLRois, Rom. d. M.-St.-Michel [Huber 49], Adgar; gleichwohl haben diese Texte ausnahmslos die alte historische Schreibung beibehalten.

Den Kampf zwischen den veralteten und den neuen (vokalisierten) Formen zeigen Computus L S, Rou I. II. III, Besant, Liv. d. Mir. (Napp 16), und die Lais der M. de France. Auch in der Schrift völlig durchgedrungen ist die Vokalisation in Auban (Uhlemann, R. St. IV 620) und Chardry.

Das Vokalisationsprodukt in allen diesen westlichen Texten ist *ceus* mit seinen graphischen Nebenformen.

Wir geben Belege: Rou I 190 : *cels*, 667 : *ceuls*. II hat 26 alte gegen 3 vokalisierte Formen, cf. *ceuls* 917, *ceulz* 3398. 3517. III hat in den Hss. ABCD je 1, 3, 8, 7 *ceus* etc. gegen etwa 100 *cels*; cf. *ceus* 973. *cex* 11232. *ceulx* 8459. 8481. 8495. 8547. 8553. *ceuls* 3380. 3557. 4800. 4802. 4822. 8936. *iceulx* 5153. 7906. Computus S hat 4 *(i)cels* : 5 *(i)ceus*, cf. *cels* 45. 674. 1170. *icels* 58. *ceus* 1113 1756. 1971. *iceus* 1640. 1884. In den Lais der Marie d. Fr. begegnet nur noch ein *icels* 143$_{514}$, im übrigen herrscht konsequent die neue Schreibweise; cf. *ceus* 3$_{18}$. 81$_{188}$. 86$_{15}$. 119$_{167}$. 150$_{123}$. 172$_7$. 193$_{222}$. 194$_{247}$. 210$_{757}$. *iceus* 14$_{242}$. 215$_{905}$. Belege aus Chardry und Auban, wo die vokalisierten Formen schon ausnahmslos stehen, sind unnötig.

Der Vokalisationsprozess vollzieht sich also im Norm. und Aglnorm. nach der ersten der oben genannten Entwickelungsreihen:

cels (ceuls) ceuls ceus.

Sporadisch wird das u (= phon. u) ersetzt durch ǫ, so dass ceǫls, iceǫls entsteht, und mit Verstummung des vortonischen e: çǫls. Vgl. Karls Reise 77 (Hs. $^{13}/_{14}$ Jh.): *E ceols qui alerent od lui cunreat gentement.* Brandan 123: *Dunc prent li abes iceols illiz.* Rou III B 10521: *Par çols ... / Faisait li dus quantqu'il faisait.*

In einigen Mischtexten finden sich auch Belege für die (wie wir unten sehen werden) pikard. Brechung des e zu ea, ia. Es kommen Formen vor wie *ceals iceals ciaus chiaus ciax cax cialx.* So in der Hs. M des Alxs 100^e: *chiaus*; Rou III BD: 7, bez. 2 *ciax* + je 1 *ciaus;* cf. 3804/5. 4346. 4360. 4821. 7762. 8936; Computus L: 4 *(i)ceals* gegen 7 *cels:* cf. 58. 510. 1113. 1640; Mar. d. France, ed. Roquefort, Bd. II: 2 *ciaus* (221. 245), 5 *cax* (66. 242. 245. 378. 389) und 1 *cialx* (193). Endlich in der Brandan-Hss. L (Brit. Mus.) 5 mal *(i)ceals:* 28. 710. 1140. 1287. 1333. Die Hs. P (Paris Arsenal) hat 1333: *cels,* 710: *ices,* 28: *les.* 1287: *ces.* 1140 vacat.

Von diesen wenigen Mischformen abgesehen ist *ceus (ceux* etc.) die dem Norm. und Aglnorm zukommende vokalisierte Form.

In den der Normandie benachbarten Mundarten der **Bretagne,** von **Maine** und von **Chartres** lautet die vokalisirte Form ebenfalls *ceus (ceux* etc.). Görlich V 397: belegt die Formen *ceus ceuz ceux celx celx icex.* „Vereinzelt" findet er auch noch das *l* graphisch erhalten: *cels celz.* Napp 18 belegt *cels; ceuls ceulz; ceus iceus.* Das *l* in *cels* ist hier, wie auch Napp 32 anmerkt, lautlich = u.

Aus der Bretagne bringt Görlich noch einige Belege für *iceous* (a 1297, St. Brieuc p. 196, 4 mal; in derselben Urkundensammlung 20 mal *ceux, iceux, ycex ceus cex)* und *ceox* (a. 1294), bemerkt aber, dass dergleichen Formen nur vereinzelt vorkommen, und *ceus(x)* die durchaus regelmässige

Form sei. Wir zitieren noch zweimaliges *ceos* aus Morbihan, p. 153 (a. 1248).

In den südlich angrenzenden Gebieten von **Anjou, Touraine** und **Berry**, sowie im ganzen **Süd-Westen** tritt neben *ceus* gleichberechtigt die Form *ceaus*.

Belege bei Görlich, Fr. St. III 56 und V 398: *iccls cels iceus ceus iceux ceux ceulx — ceals ceaus ceaux*.

Für *ceus* steht zuweilen *ceos (ceolz)*. — Aus *ceos* und *ceaus* sporadisch mit Ausfall des *e: cos* (Touraine, Berry), und *caus icaus caulx* (Vendée, Deux-Sèvres).

Wie in der benachbarten Bretagne findet sich endlich in Anjou auch die Schreibung *ou* für *u* (Vokalisationsprodukt des *l*): *ceous, iceoux*.

Orléannais und **Ile de France** kennen nur die Vokalisation zu *ceus, yceus, ceuls, cex, ceux*. Vgl. *ceux* Blois XXIII (a. 1278) XXVI (a. 1278). XXVIII (a. 1298); *cex* ib. XXIII (a. 1278); *ceuls* Romorantin p. 49 (a. 1308).

Die Rustebeuf-Hss. haben noch ausschliesslich *cels*; zwei neben ungezählten *cels* stehende *ceuls(x)* rühren vom Schreiber C her: 148$_{176}$ und 162$_{637}$.

Im 13. Jh. dagegen konstatiert Metzke (p. 79) in der Ile de France nur die Formen *ceus yceus*.

Neben diesen regelmässigen Formen findet Metzke „vereinzelt" *ciauz, ceaus, yceaus*. Er hält die letzteren für „nicht von aussen her eingeführt, sondern echt französich, spez. parisisch. Dafür spricht (ihm) das Vorhandensein derselben im Livre des Métiers, sowie der Reim *aus (els): aniaus* Rustebeuf II 162, wenn diese Formen auch höchst wahrscheinlich ihren Hauptsitz in der Picardie und in Burgund hatten". — Dagegen ist einzuwenden, 1) dass das *ceux* der neufrz. Schriftsprache, die sich doch aus der französchen Mundart entwickelt hat, auf ein *ceus*, nicht aber auf ein *ciaus* zurückweist, und 2) dass thatsächlich im Liv. d. Mét. — entgegen der Angabe Metzkes — *ceus cex ceux ceulx ceuz* die einzig vorkommenden Formen des Obl. Pl. sind.

In der **Pikardie** ist *ciaus* die regelrechte Form; daneben begegnet sehr häufig *ceus*, vielleicht unter französchem Ein-

Einfluss. Gelegentlich wird *ciaus* zu *çaus*. Die Orthographie ist sehr schwankend.

Beaumanoir hat 57 *ciaus*, ein *ciax* (Manek. 3872) neben 1 *cels* (ib. 1046), 1 *ceus* (ib. 8010) und 4 *cex* (ib. 5891. 7674. Jeh. 4244. S. d. A. 318). Zu beachten ist der Reim *ciaus: maus* (Pl. von *malum*) Manek. 4540.

Amiens bis 1300 hat 16 Formen mit pikard. *iau* neben 10 maligem *ceus* etc. Vgl. *ichiaus* p. 311. *ichiaulx* 218." *chiax* 187. *chiaus* 227. 238. 241 etc. Dagegen *chels* 185. *ceus* 264. *ceuls* 265. *ceulx* 217. 225. *ceulz* 217 (ter). *iceulx iceulz* 243. — Im ersten Viertel des 14. Jh.'s ist ein grösseres Überhandnehmen der gemeinfrz. Formen in Amiens noch nicht zu konstatieren. Es stehen 38 *chiaus* (etc.) gegen 20 *ceus* (etc.).

Corbie 1297—1308 hat *chiaus* 464. 471. 495. *chiaux* 492. 499. 501; dagegen *cheus* 467. 471. *ceux* 498. In der 2. Hälfte des 14. Jh.'s überwiegen schon bei weitem die gemeinfrz. Formen mit *eu*; so haben die Urkunden von 1359—63 *(y)chiaus* nur p. 517 und 523; dagegen 22 mal *ceus ceux iceulz* etc.

Ponthieu hat *chiaus* als regelmässige Form (27 mal) sehr oft mit Tilgung des Triphthongs: *chaus* (20 mal). Dagegen stehen nur 2 *cheus* 8₂. 18₂ und ein *cheuz* 17₂.

Aucassin kennt die gemeimfrz. Formen noch nicht, er schreibt ausnahmslos *ciax* 6₃₂. ₃₅. ₃₉. 28₂₁. Ebenso hat

Mahom. nur das pik. *chiaus* (einmal 1534).

Elie kennt beides gleich oft; vgl. *ciaus* 1905. *chiaus* 1413. *ceus* 196. 1864.

In Aiol überwiegen die gemeinfrz. Formen bereits beträchtlich: 4 *ciaus* (230. 2834. 3234. 9434) gegen 10 *ceus* (241. 752. 3654 etc.), ein *iceus* (10417).

Octavian kennt, was wohl dem agn. Kopisten zuzuschreiben ist, nur *ceus* (4 mal: 888. 4650. 4817. 5361).

Aus dem Vermandois belegt Neumann (p. 66) die gemeinfranz. Formen nicht. Die regelrechte Form sei *ciaus (chiaus ciaux chiaux;* auch *ceaus caus chaus)*.

Richars hat 5 *chialz* (1037. 2122. 3114. 3548. 3888, 6 *chiaus* (1515. 1734. 2905. 3123. 3752. 5098), 1 *chaus* (4882) gegen 5 *cheus* (1504. 3552. 3587. 3610. 4697).

Im 14. Jh. dringt die gemeinfrz. Form *ceus* immer mehr in das Pik. ein. Gegen Ende des Jh.'s überwiegt sie die alten Formen schon fast um das Doppelte:

Froissart hat 22 echt pik. gegen 37 gemeinfrz. Formen. Cf. *ciaus* IV 3683. *chiaus* 1007 etc. 11 mal. *chiauls* 213. 287. 415. 2431 und pag. 235. *ceaus* VI 2441. *ceauls* III 33. 1318. XIV III 64 *(ceauls: Marciaus* = Marcellus).

Östlich von der Pikardie, in **Tournay** und dem **Hennegau**, haben wir ebenfalls *ia* als Brechungsprodukt des *e ie c̜els*. *Ceus* ist vor dem Jahre 1310 nur 1 mal zu belegen (Hennegau p. 365). Die für den äussersten NO. charakteristische Schreibung *ea* fehlt fast vollständig (einmal Tournay 7$_1$). *Ciaus* wird in Tournay regelmässig zu *caus* vereinfacht.

Belege aus Tournay: *cials* 18$_{19}$. 19$_{85. 42.}$ 21$_{46}$. *ciauls* 45$_2$. *ciaus* 21$_{88}$. *caus* 4$_2$. 5$_2$. 8$_{12}$ etc. 13 mal; aus Hennegau: *chials* 418. *chiaulz* 487. *chiauls* 429. 432. *chiauz* 365. *ciaus* 17 mal, *chiaus* 14 mal.

Im **Wallonischen** ist das Brechungsprodukt des *ȩ* in *cels* meist *ea*, seltener begegnet das pikardisch-hennegauische *ia*.

Namur (1250—1300) hat 55 *eau*- gegen 36 *iau*-Formen. Daneben zeigt sich auch hier wieder das gemeinfrz. *ceus* (5mal; cf. 155. 156 bis. 272. 365). Einmal findet sich die Reduktion zu *cias*: 149.

Die alte Mundart von Lüttich (Dial. Greg., Hiob, Sermo) führt consequent die wallonische Brechung zu *ea* durch, aber sie trennt sich vom Dialekte von Namur und nähert sich dem von Lothringen durch den Schwund des *l. Ceaz* herrscht ausnahmslos (1 mal *ceas* Hiob 368$_{21}$). Belege: Dial. 9$_{17}$. 11$_7$. 25$_{13}$. etc. 110 mal; Hiob 299$_{14}$. 300$_{85}$. 303$_8$. 319$_{87}$. 322$_8$. etc. 66 mal; Sermo 287$_6$. 295$_{85}$. 296$_{16}$. 297$_{27}$. 298$_1$.

In **Lothringen** (Ezechiel und SSBern.) herrscht ausnahmslos die Diphthongirung des *e* zu *eo: ceos*. Belege: Ezech. 10$_{81. 88. 85.}$ 17$_{27. 41.}$ 19$_{16}$. 20$_{84}$. 21$_{19}$. 42$_{16}$. 103$_{89}$. 107$_{88}$. 122$_{25}$. etc. SSBern.: 1$_{9. 11. 15. 16.}$ 3$_{80. 87.}$ etc. etwa 160 mal. Ein *ceus*, Ezech. 19$_{14}$. wird von Corssen p. 27, der W. Fœrsters durchkollationirtes Exemplar benutzt, durch *ceos* ersetzt. Einmal findet sich *ceous* Ezech. 30$_{81}$.

Diese Formen mit Brechung des *e* zu *eo* lassen sich nordwestwärts von Metz verfolgen über Briey bis ins wallonische Gebiet hinein nach Cons, Juvigny und Stenay und dem nördlich von Orval gelegenen Chiny; vgl. die Urkunden Orval No. 389 278. 429. 445. 465: *sous, ceous, cous.*

Im späteren Lothringischen dringt — wie in anderen Mundarten — die französische Form immer mehr durch. Im Lothr. Psalt. steht sie schon ausnahmslos. Vgl. *ceux* 8_2. 16_7. 19_7 (bis). 24_{10}. 37_{12}. 58_5. 72_{27}. 140_9. 141_6. *yceux* 33_{20}. *ceulx* 7_4. 9_{10}. 16_{14}. XV_{15}. *iceulz* 9_{12}. *yceulz* 15 mal. *ceulz* etwa 200 mal.

In der **Franche-Comté** findet Wendelborn (p. 39) *iciaux* (:jovenciaux) und *iciax* (:monciax). „wo *x* wie auch sonst in unserem Text, *s* bedeuten wird, das stumm geworden ist". *Au* wurde in diesem Dialekte gern zu *a* verengt, cf. l. c. p. 35. — Breuer (Gir. d. Rouss.) macht keine Angaben über die franchecomtésische Gestaltung von *ecce illos*; und der Yzopet bietet keine anderen Formen als zweimal *ces*. — Auf Grund des Reimes *iceux: pareceux* ist Wendelborn geneigt auch ein *cous* anzunehmen. Der lat. Endung *ōsum* entspricht im Dial. der Franche-Comté: *oux* (cf. l. c. 25.). Ein Analogon zur Entwicklung *ecce illos* > *çous* kann man in dem l. c. belegten *capillos chevoz* erblicken.

Aus dem **lyoner** Dialekt belegt Zacher p. 52 neben etymol. geschriebenen *cels* sowohl *ceauz, cauz* als auch *ceuz, ceulz, ceuls*.

Die **burgundische** Legende von Girart de Roussillon (Rom. VII) schreibt ausnahmslos *cels* (17 mal), während die übrigen burgundischen Texte (Rom. VI. 7—35) wieder die lothringische Form *ceos, ceoz* aufweisen. Cf. p. 9 (bis) *ceos*, p. 27 XXII und 36_{10} : *ceoz*.

Im **Champagnischen** des 12. Jh.'s ist nach Ausweis der Crestien-Hss. *çaus* die gewöhnliche Form. Orthographische Varianten sind selten: *ceaus* Yvain S 2459. *chiaus* ib. P 2938. *ceauz* Cliges 2520. 2527. *ceaux* ib. 4925. *ceals* ib. B 1606. *chialz* ib. T 6172. 6704.

Belege für *çaus*: Yv. 29. 2429. 2484 etc. Cliges 1292. 1506. 1793. 1872 etc. Daneben sporadisch schon das gemeinfranz. *ceus, ceuz, cheus, ceuls.* Cf. Cliges 3665 P. 5675 TPS. 6740 S. 1596 S. 4258 T. Yvain 3257 A. 4604 AV. Häufig findet sich noch die alte Schreibung *cels.* Cf. Cliges 1818. 1872. 2530. 3665. 3744. 4258. 4846 etc. Yvain 153. 689. 2459. 3257. 4604 u. 5475.

Im 13. Jh. dringt auch hier die franzische Form *ceus* (mit ihren Nebenformen) immer mehr durch und verdrängt das champagnische *çaus.* Joinville und Reims haben nur noch 4, bezw. 5 *ciaus (ciax, saus, ceaus)* gegen 22, bezw. 17 *ceus (ceux, cex, celx, iceus, ceulx, ceuz).* Daneben finden sich noch häufig etymolog. Schreibungen mit *l* für *u*: Joinv. 13 *celz,* Reims 1 *celz* (818). — Belege aus Joinv.: *ciaus* J 2. J 17. S 1. *ciax* N 2. *saus* D 2. Aus Reims: *ciaus* 1069. *ciaux* 954 bis. 1085. *ceaus* 1069.

Endlich die in unserem Punkte am wenigsten konsequente Mundart: die von **Orval.** Diese schliesst sich in Bezug auf Entwicklung von *ecce illos* bald dem einen, bald dem anderen der benachbarten Dialekte an, vorwiegend aber der von Lüttich und Namur. Die Urkunden schreiben

125 mal *ceas* wie Lüttich ⎫
  8 „ *cias* mit pik. *ia* ⎭

85 „ *ceaus* wie Namur ⎫
28 „ *ciaus* wie Henneg. u. Pik. ⎭

10 „ *ceous* wie Lothringen ⎫
16 „ *ceus* wie Champ. Ile d. Fr. (Pik.) ⎭

Wir geben Belege und orthographische Varianten:

ceas: 233. 263. 274. 285. 296. 307. 314. 324. 328. 390. 393 etc. (i. g. 112 mal).

ceaz: 228. 268. 276. 280. 301. 307. 310. 396. 440. 448. 490. 502. 508.

cias: 306. 360. 416. 445. 530. 543. 546.

chias: 303.

ceaus: 196. 238. 261. 270. 271. 277. 287. 300. 302. 304. 308 etc. (i. g. 77 mal).

ceauz: 269. 302. 374. 557.

ceaulx: 551.

ceaulz: 565.
ceals: 517.
ceax: 517.
ciaus: 422. 437. 438. 458. 474. 479 (bis). 488. 511 (bis). 522 (bis).
cyaus: 488 (bis).
chiaus: 289. 430 (quater). 461.
ciaux: 327. 480. 494.
ciax: 322 (p. 345). 553. 561.
chaus: 453.
ceous: 429 (bis). 465.
cous: 278. 306 (bis). 445 (ter).
sous: 389.
ceus: 288. 401. 426. 488 (bis). 449. 457. 487.
cheus: 259.
seus: 444.
ceuls: 337.
ceulx: 459. 490
ceulz: 523.
ceuz: 256. 292.

Einige seltene Obliquusformen des Plur. sind noch zu besprechen:

1. Leodegar schreibt *ciels* für *cels*. Ct. 13: *a ciels temps*, 32: *a ciels tiemps*, 209: *por ciels signes*. Diese Form *ciels* für *cels* stützt unsere oben, p. 31, ausgesprochene Annahme, dass das singularische *ciel* = *cel*, nicht aber = *cil* sei. *Cels, ces* u. s. w. fehlen im Leodegar.

2. Aus dem NW. belegt Görlich, F. St. V 397, ein *ceels*. Wenn hier kein Schreibfehler vorliegt, dürfen wir das zweigipfelige *e* (Doppel-*e*) auffassen als Mittelstufe zwischen *e* und *ea* (= *ęę*), *ceels* daher als Uebergangsform von *cels* zu *ceals*.

3. Aus der Mundart von Besançon bringt Wendelborn, p. 40, ein *ça*, das sich durch die im genannten Dialekt häufige Reduktion eines *au* zu *a* (cf. Wendelborn, p. 35) und durch den Abfall des vor Kons. stummen *s* erklärt.

4. Bemerkenswert ist die im Hoh. L. 88 belegte Schreibung mit ausl. *sz: Enpres icelsz et molt altres barunsz.* Hiermit zusammenzuhalten ist ein *cesz*, das sich im Cliges R 5130 belegt findet: *de cesz baisiers.* — Ueber das *icelsz* des Hoh. Liedes handelt Koschwitz im Commentar p. 187: *sz* bedeutet den Uebergang der Aussprache von $z = tz$ zu der eines einfachen *s*.

5. Die Formen *ceis, ceiz* finden sich in räumlich weit auseinanderliegenden Teilen des frz. Sprachgebietes. So in Reims p. 874: *de ceis quy ayent pooir de paix faire.* — Orval 410: *a ceis d'Orval.* — Zemlin belegt ein *ceis* aus Chron. de l'Ardenne et des Woëpvres II 273 ed. Jeantin, Paris 1852; sowie ein *ceiz* aus Doc. en patois lor. VII 6 ed. Bonnardot: Romania I 328. — Görlich F. St. V 397 bringt aus dem NW. ein *ceix (de ceix ou de cil)* und p. 396 zwei *iceiz (iceiz cous et iceiz domaiges).* Dieses *ei* scheint den offenen *e*-Laut anzudeuten.

6. Mehrfach sind die Formen *cel* und *cest* als Obl. Pl. zu belegen. Stephansepistel 53˙ findet sich *cet: Pardone a cet qui ci m'unt lapie.* Über dieses *cet* handelt Koschwitz, Commentar 212. Er zeigt auch an anderen Beispielen, dass statt der Verbindung *ts* oder *z* im genannten Text regelmässig nur ein einfaches *t* erscheint. Diese Lautvertretung sei sonst nur in anglonormannischen und an der provenzalischen Grenze entstandenen Texten beobachtet worden. *Cest* (für *cez ces*) begegnet noch Oxf. Ps. 86₆ (cf. Meister), und Rou III CD 81: *De cest* (AB *ces*) *nuns (: nus parluns).*

Cel als Obl. Pl. vor konsonantischem Anlaut stehend erklärt sich durch Verstummung des *s*, infolge deren auch graphische Unterdrückung desselben eintrat. So in folgenden Belegen: Comp. A 676: *Cel de fors manaçout* (S: *Et suuent les m.*, übrige Hss.: *Cels de fors m.*). / *Cil de fors quant il le virent, / Isnelepas fuïrent.* 3012: *de toz cel altre meis* (CSL: *ces [ices] altres meis*). Rou III C 9928: *a cel qui la tor deffendeient.*

7. Sporadisch findet sich — wie im Sing. — der Rectus für den Obliquus. So Jonas 2: *de cist tres dies.* 29: *en cist*

tres dies. — Attraktion an ein folgendes *qui* scheint die Ursache solcher Casusvertauschung zu sein in folgenden Beispielen: Rou I 683: *Grant pitie unt de cil ki plurent*. II 3232: *Pur faire deseurer cil ki vindrent deuant*. III 4388 D: *Tant destraint cil qui dedenz sont, que il*... Cliges S 2907: *esgarde*... *cil* (andere Hss. *ces*) *qui*... Vgl. auch Mar. de France II 164 (Roquef.): *manda cil ki aleient*.

8. Im Franko-Provenzalischen findet sich *ecc(e)-illós* als *celos*, cf. Zacher p. 52.

β. Ecce istos.

Ecce istos wurde im Afrz. lautgesetzlich durch die Mittelstufe *(*i*)*cests* zu (*i*)*cez* = phon. (*i*)*tsets*. Dieses ging dann weiter über zu phon. *tses*, so dass auch *ces* für *cez* = *ecce istos* geschrieben werden konnte. Einmal findet sich der Übergang von *cez* (mit *ts*) zu *ces* bezeichnet durch die Orthographie *cesz*: Cliges R 5130: *de cesz baisiers*. Vgl. oben, p. 59, die Schreibung *icelsz* des Hoh. Liedes.

In der Form *ces* fiel *ecce istos* zusammen mit *ecce illos* > *cels*, das sich durch die Mittelstufe *ceus* — zunächst wohl unter dem Tief- und Nebenton — zu *c̦es* entwickelt hatte.

Die ältesten Belege für *cez* und *ces* bieten die Alexius-Hss.; cf. L 25ᶜ: *d'icez suens serfs*, P *ices*, M (pik.) *ces;* A hat *cels*. P 42ᶜ *auoc ices*. 84ᶜ *ices granz biens*.

Die dialektische Verteilung von *cez* und *ces* ist die folgende:

Das Anglonorm. u. Norm. schwanken, doch scheint *ces* schon um ein geringes zu überwiegen. Ausschliesslich *cez* haben Oxf. Rol. (990. 1612), Oxf. Ps. (17 $_{20}$. 33 $_{20}$. 119 $_6$. 131 $_{12}$. ζ 62) Rou II (1509), Rou III D (3945. 7906. 8391. 9473). — Ausschliesslich schon *ces* haben Auban, Brandan-Hs. P (285. 399. 579. 875. 1287), Adgar (3 $_{85}$. 23 $_8$. 99 $_{55}$. 178 $_{40}$. etc.), Chardry Jos. (844), Besant (159. 457. 458. 484. 592 etc.) und Marie de France. — Die übrigen Texte schwanken: Brandan-Hs.L 6 *cez* : 1 *ces* (399. 579. 875. 978. 943. 1257; 285); Karls R. 1 : 2 (335. 318. 557); Cambr. Ps. 2 : ∞ (ι 12. 146 $_{11}$); Computus C 5 : 14; L 3 : 13; A 12 : 3; S 1 : 17 (375. 403. 649. 725. 802. 1953. 1971. 3198 etc.; 58. 375. 510. 649. 725. 802.

898. 1042. 1069. 1082. 1111. 1971. 3428 etc.); Rou III A 3 : 2. B 4 : 4. C 1 : 4. (3945. 6031. 7907. 8391. 11239; 81. 655. 3557. 8803. 9268 (bis). 10381. 10497); QLRois 80 : 300. Aus den nordwestl. Mundarten belegt Görlich nur *ces*. Die südwestl. Denkmäler (Görlich III 150) haben vorwiegend *cez*, seltener *ces*.

Die Dialekte des Nordens (Pikardie, Hennegan, Tournay, Namur) kennen nur noch *ces*. Diese Form herrscht ausnahmslos in allen Texten (wenn wir von einem *chez*, Corbie 465, absehen).

Der äusserste Nordosten und Osten dagegen zeigen durchgängig *cez*. So in Lüttich (Dial. Greg., Hiob, Serm. de Sap.), Namur, in der Mundart des M. Brut und im Lothringischen (S S Bern.). Zwei Ausnahmefälle: Dial. Greg. 56$_{22}$. und 142$_{11}$: *a ces tens*. Vielleicht bewirkte hier das anlautende *t* die Reduktion des *z* (= *ts*) zu *s*, so dass in der Konsonantengruppe *tst* (*zt*) das *z* am frühesten zu *s* überging. Der lothr. Ps. kennt nur noch *(i)ces*: 83$_3$ und XXI.

Orval trennt sich hier vom Wallonischen: es schliesst sich eng an die benachbarten Mundarten der Pikardie, des Hennegaues und der Champagne an: *ces* steht ausnahmslos; cf. 272. 322. 407. 412. 414. 416. 421 etc. im ganzen 50 mal.

Das Champagnische des 12. Jh.'s schwankt noch zwischen altem *cez* und neuem *ces*: Die Yvain - Hss. haben noch überwiegend *cez* (Hs. P 5 : 1. H 13 : 3. F 2 : 3. G. 3 : 0. S 4 : 3. V 6 : 0. A 3 : 9), die Cliges-Hss. schon meist *ces* (Hs. S 2 *cez* : 9 *ces*. A 12 : 13. P 6 : 12. C 6 : 11. R 3 : 12. B 4 : 12. T 4 : 10). Im Yvain findet sich *ces* nur 689 HFS. 1385 HPFS. 1964 S. 3257 FM. 3894 H. Vgl. dazu *cez*: 29. 30. 153. 689. 925. 1127. 1128. 1265. 2429. 2459. 3257. 3894. 4335. 4604. 5490. 6061. — Cliges hat *cez*: 553. 764. 1292. 1785. 1872. 2438. 2527. 3589. 3748. 3749. 4846. 4925. 5032. 6517; *icez*: 2438. 5130; dagegen *ces*: 813. 1272. 1336. 1506. 1520. 1785. 1902. 2438. 2520. 2527. 2890. 2907. 3669. 4073. 4178. 4846. 4925. 5032. 5675. 6783.

Im 13. Jh. begegnet in der Champagne nur noch *ces*, cf. Joinville und Reims (19 bez. 20 mal).

Ebenso in der Franche-Comté (Yzopet 1122. 2160), in Burgund (Rom. VI u. VII), in Yonne (585. 601. 607. 613 bis), und in der Ile de France (Rustebuef und Livre des Métiers).

Fassen wir das Gesagte kurz zusammen, so ergiebt sich, dass der ganze Westen zwischen altem *cez* und jüngerem *ces* noch schwankt, dass die (späteren) Denkmäler aus dem ganzen frz. Centrum, Osten und Norden — Ile de France, Champagne, Yonne, Burgund, Franche-Comté, Lothringen, besonders streng aber Orval, Hennegau und die Pikardie — die jüngere Form im 13. Jh. schon völlig durchgeführt haben. *Cez* zeigt sich nur noch bei Crestien in der alten Sprache der Campagne, in den SSBern., d. i. im Altlothringischen, und endlich in Dial. Greg., Hiob und Sermo de Sap., den ältesten Texten wallonischer Mundart.

B. Femininum.

a. Ecce illam, illas = (i)cele, (i)celes.

Die lautgesetzlichen Formen des Afz. sind *(i)cele (i)celes*, bis in das erste Drittel des 12. Jh.'s mit ę, seitdem mit ę.

Die ältesten Belege für *(i)cele* sind die folgenden: Jonasfragm. II 22: *de cele ciuitate*. 36: *en cele duretie et en cele encredulitet*. Alxs LA 37ᶜ: *cele imagene*. A 42ᶜ: *cele pulcele*. A 56ᵇ: *icele enfermeté*. L 61ᶜ: *d'icele cose*. L 76⁰. P 76ᶜ: *d'icele gemme*. Weitere Belege für *icele:* Karls R. 119. Rou II 1065. 2694. III A 2877. BC 7879. St. Brieuc 156 (ter). 190 (bis). 196. 199. — Beaumanoir Manek. 104. 5850. 3071. 3411. 4566. Jeh. 1149. 4787. — Ponthieu 29₁₆₃. — Dial. Gr. 18₂₂. 47₂₄. 68₂₄. 26₂₅. 92₂₁. 105₈. 123₆. 248₁. — Yzop. 2704. — Cliges B 1691. 2221. M 3668. A 5103. BR 5739. SACPRT 1198. Yvain S 2634. G 3489. V 2645. 4375. VS 4948. FS 2872. Joinville Xᵇⁱˢ 34. 36. Reims 963. 964 (ter). — Rustebeuf 149₂₁₇ AC. 148₁₈₉ AC. Livre des Mét. LXXI 8. XCVII 8. — Yonne 601. Burgund: Rom. VI 13₂₉. ₈₂. VII Gir. d. Rouss. 204. 236. 239 (ter).

Belege für *(i)celes:* Oxf. Rol. 3941. Karls R. 263. Cambr. Ps. *(i-):* 11₇. 117₁₀. u. ö. Oxf. Ps. *(i-):* 73₂₃. 77₇. 103₁₈. 118₉₃. 131₆. 134₁₈. 147₇. 148₆. Computus CA *(i-):* 1236. 1526. Adgar: 204₂₄₃. 235₄₆₄. 237₅₁₃. Chardry *(i-):* 602. 1968. QLR. 30₄. 235₁₆. 256₁. 293₁₀. Rou III 1664. 3183. 4886. 9033 (bis). 9034 (bis). St. Brieuc 192 *(i-)*. — Beaumanoir 1378. 2341. 4980. 4981. 5339. 3421. 3312. 2007. 3106. 3125. 3576. 4110. 5023. Jeh. 3757. S. d. A. 193. Man. 3312 *(i-)*. Aiol 6437. 10146. Elie 1874. Octav. 2640. 2841. 2856. 3744. Amiens *(i-)* 303. 381. 382. Hainaut 362. Namur 36. 54. Orval Nr. 325. — Ganz besonders beliebt ist *(i)celes* in den ältesten Texten des Nordostens und Ostens: Dial. Gr. haben 35 *celes* + 3 *iceles*, Hiob 17, Sermo de Sap. 1 + 1, SSBern. über

100 *celes*; so auch überaus oft im Ezechiel. Cf. Dial. Greg. 8₁₆. 11₂. 39₂₁. etc., *(i-)*: 6₅. 90₄. ₂₀. Hiob 319₂₆. ₂₇. ₂₈. 320₂. 325₈. ₉. ₁₁. etc. S. d. Sap. 292₂₀. *(i-)* 290₁₃. SSBern 35₆ ₆. 141₁₇. 103₅. 110₅. 113₁₉. 114₈ etc., *iceles* fehlt. Ezech. 3₂₈. 4₃₉. ₄₀. 5₈ 7₁. ₄. ₂₃. 10₃₉. 12₁. 15₂₉. 17₁₉. ₃₂. etc. — Yzop. 686. 1132. 1147. 1177. 2770. 2786. — Gir. de Rouss. 86. *(i-)* 8. 202. — Cliges 4816 A. 6764 APBT. 6418 (alle Hss.). 6241 (alle Hss.). Yvain 1354 PSV. 2963 V. 3196 (alle ausser F). Cf. ferner 4385 5250. 3855. 4820. Joinv. R 64. E^{bis} 26. X^{bis} 30. Reims 1063. Rusteb. 270₇₄. 277₈₉. Liv. d. Mét. LX 22.

Die Tendenz, einfache Konsonannten nach kurzen Vokalen zu verdoppeln zeigt sich sporadisch schon in afz. Zeit kommt aber erst im Mfz. zum völligen Durchbruch; cf. Faulde R. Z. IV 542 ff. Auch für unser *(i)cele*, *(i)celes* findet sich schon in afz. Denkmälern die mittel- und neufrz. Schreibung *(i)celle*, *(i)celles*.

Unsere alten norm. u. aglnorm. Texte sind noch sämmtlich frei davon, nur ganz vereinzelt begegnet *celle(s)* in den Rou-Hss. C und D. Vgl. C 5052 *celle part*. 9937 *d'icelle guerre*. 10620 *celle honte*. 3183 *de celle gent*. 9034 *celles*; dagegen stehen etwa 40 Formen mit einfachem *l*. Die Urkunden von St. Brieuc (Bretagne) aus den Jahren 1277—98 haben schon weit überwiegend die jüngeren Formen (23:9).

Von unseren östlichen, im allgemeinen etwas jüngeren Texten halten noch konsequent an der alten Schreibweise fest: Beaumanoir (cc. 180 Formen mit einfachem *l*), Ponthieu bis 1320 (13), Mahom. (5), Aucassin (6), Octavian (27), Aiol (70), Elie (20), MBrut (28), Dial. Greg. (cc. 280), Hiob (32), Sermo de Sap. (5), SSBern (230), Yzopet (40), Cliges APRBM (cc. 50) und Yvain alle Hss. ausser P (cc. 60). Die übrigen Texte des Ostens zeigen bereits deutlich den Kampf zwischen der alten und der neuen Schreibweise oder haben die letztere schon vollständig durchgeführt: Amiens hat vor 1300 4 Formen mit *ll* gegen 9 alte Formen; 1301—25 aber 28:11. Die ältesten *(i)celle(s)* datieren vom Jahre 1282; cf. 243. 244. 253. 285. 388. 411. 371. 355. 419. 392. 394. 397. 400. 403.

413. 414. 415 bis. 416. 363. 364 quater. 394. 398. 402 bis. 403. 404 bis. — Corbie, 1297—1318, hat das Verhältnis 4:0 (cf. 464 bis. 491. 499). Ponthieu, 1254—1333, zeigt erst im Jahre 1321 die jüngere Schreibung, cf. 34₁₄.₁₅: *ychelle.* Riquier p. 595 (a. 1318) ein *ichelles.* In Tournay begegnet 1290 das erste und einzige *celle.* In Hennegau lässt sich *celle* schon 1257 belegen, p. 361; dann erst wieder 1297, p. 461; 1301, p. 470 und 474. Namur zuerst 1264, p. 153. Nach 1275 häufiger, cf. p. 15 (1277), 87 (1280), 207 (1285), 33 (1290). 53. 54. 59. 68 bis. 153. 199 etc. — Die Richars-Hs. (1. Hälfte des 14. Jh.'s) hat die moderne Schreibung schon konsequent durchgeführt: 22 *celle*, 35 *chelle*, 2 *ichele*, Pl. fehlt. Ebenso Froissart bis auf zwei Ausnahmen: III 1547 und IV 1375. Orval hat schon seit der Mitte des 13. Jh.'s fast ausschliesslich die nfrz. Formen. Bis zum Jahre 1300 haben wir 16 *celle celles* gegen nur 3 *cele celes.* Belege für *cele*: No. 368 (a. 1261), 491 (a. 1282); für *celes* 325 (a. 1258). In den späteren Urkunden (1300 bis 1325) begegnet nur noch die nfz. Schreibung. — Während das Altlothringische (SSBern. und Ezechiel) nur *cele celes* kennt, hat der Lothr. Ps. die neue Schreibung schon ausnahmslos durchgeführt, 16 mal. — Die burgundischen Texte Rom. VI haben neben 6 *(i)cele* nur eine Form mit Doppel-*l;* p. 27 *touz ceoz et celles.* In Gir. d. Ross., Rom. VII, begegnet neben 36 *cele* etc. nur 1 *celle* 194. — Crestien kennt die Schreibung mit Doppel-*l* noch nicht; gleichwohl ist dieselbe durch die Copisten sporadisch sowohl in den Cliges als in den Yvain hineingetragen worden; es sind nur folgende Fälle: Cliges S 3927. C 539. T 1553. 2106. 2703. 6760. Yvain P 2009. M 3264. Joinville hat neben 10 alten schon 8 jüngere Formen, cf. *celle* E^{quater} 6 und 8. L^{bis} 14. 25 und 27; *celles* Q 12. V 61. W 194. Reims kennt *celle* seit dem Jahre 1257, p. 776. Weitere Belege: 745 (1263). 893 (1266). 1034. 1035 quater; dagegen stehen noch etwa 75 alte Formen. Von den Rustebuef-Hss. kennt nur B sporadisch *celle*, cf. 172₁₃₁. 180₈₇ und 195₉₄. Dagegen stehen über 100 alte Formen. Das Liv. d. Mét. hat 4 neue: 10

alten Formen, cf. *celle* IX 8. *ycelle* L. *icelles* LI^A. XCIV 10. Endlich in Neverz begegnet im Jahre 1266 ein *celle* neben .8 *cele*, p. 199 *de celle robe*.

Aus unseren Beispielen geht hervor, dass *(i)celle*, *(i)celles* im ganzen französischen Sprachgebiete seit der Mitte des 13. Jh.'s sporadisch auftritt, gegen Ende des Jh.'s immer mehr an Verbreitung gewinnt und endlich im Laufe des 14. Jh.'s vollständig zur Herrschaft gelangt.

Eine Sonderstellung scheint uns das einmal in der Eulalia (23) belegte *celle* einzunehmen. Das Alter der Eulalia-Hs. (cf. Koschwitz, Commentar 52) verbietet uns, dieses Beispiel den oben genannten des 13. Jh.'s gleichzustellen. In der Eulalia kann von jener mfz. Tendenz der Konsonantendoppelung noch nicht die Rede sein. Diese Doppelschreibung, die sich auch in *celle* 14, 20, *pulcella* 1, *domnizelle* 23 etc. findet, haben wir vielmehr mit Faulde, l. c. 545, als Latinismus aufzufassen, umsomehr als die Eulalia Latinismen anderer Art in grosser Anzahl enthält (cf. Koschwitz Commentar 57) Die gleiche Erklärung ist nach Faulde, l. c., auf das einmalige *celles* der Passion (421) anzuwenden.

b. Ecce ista, istas = (i)ceste, (i)cestes,

wie oben *(i)cele(s)* zunächst mit ρ, dann mit φ.

Belege für *ceste* sind kaum nötig, es seien nur die ältesten genannt: Jonasfragm. II 22: *en ceste causa*. Alexius PA14° 61^c *Iceste* ist selten anzutreffen. Unsere Belege sind die folgenden: aus dem Westen: Alxs LP 64^c. L 38^c. Orf. Rol. 725. Besant 2004. Mar. d. Fr. (ed. Roquef.) II 174. 273. Pred. Sully (Görlich) 167[16]. 170[16]. — Aus dem Pikard.: Beaumanoir Manek. 7158. 7230. Jeh. 2897. Aiol 5443. 6783. 7763. Elie 582. 1023. 1053. Richars 2022. — Aus dem Wallonischen: Dial. Greg. 18[21]. 21[24]. 40[18]. 99[11]. 103[24]. 211[6]. 213[18]. 241[15]. 258[2. 15]. 263[16]. 268[20]. — Aus Burgund: Gir. de Ross. 247. — Aus der Champagne Yvain GMPH 2872. G 6556. Joinville E^quater 20. — Ile de France: Rusteb. AC 251[94].

Auch die Pluralform *(i)cestes* ist selten zu belegen. Sie

ist schon in ältester Zeit im ganzen frz. Sprachgebiet durch die unten zu besprechenden abgeschwächten Formen verdrängt worden. W. Fœrster (Aiol pag. 445) nennt sie mit Recht „beinahe unfindbar". Uns begegnete diese Form an folgenden Stellen: Passion 501. Cambr. Ps. (Fichte): *cestes* 49$_{21}$, *icestes* 48$_1$. 61$_{11}$. Oxf. Ps. (Meister): *icestes* 14$_7$. 33$_{19}$. 43$_{23}$. 48$_1$. 49$_{21.23}$. Besant 1891. 1969. 2008. Computus S 403. 1455. CLAS 3047. Adg. 110$_{36}$. QLRois 107$_8$. 256$_9$. 418$_{10}$. Besonders spät scheinen die abgeschwächten Formen im NW. und SW. Eingang gefunden zu haben. Nach Görlich, V 396, ist *cestes* im NW. die regelmässige Form, absolut und konjunkt gebraucht; die abgeschwächten Formen seien seltener als *cestes*. (In St. Brieuc finden wir jedoch 20 *ces* gegen nur 1 *cestes* 168 und 1 *yceles* 192). Ebenso haben im SW. (Görlich III 150) die Pred. 2 *cestes* + 16 *icestes* gegen 6 abgeschwächte Formen, Turpin I im Rect. Plur. „ausschliesslich" *icestes*, im Obl. 6 *ces cez*, und Turpin II im Rectus „ausschliesslich", im Obl. einmal *icestes* gegen im ganzen 4 *ces*. — Aus unseren pikard. Texten können wir das alte lautgesetzliche *cestes* nicht mehr belegen. — Aus dem Wallonischen Namur p. 114. 307. Orval No. 451. Dial. Gr. 133$_{15}$. 195$_9$. 198$_{16}$. 213$_{23}$. 266$_{23}$. — Aus Lothr.: SSBern. 174$_{18}$. — Fr.-Comté: Yzop. 713. — Champ.: Joinv. L^{bis} 32. — Orléannais: Romorantin p. 49 (bis) 50.

Aus dem Gesagten geht hervor, dass die lautgesetzlich entstandenen Formen *cestes icestes* im Pikardischen schon in vorlitterarischer Zeit ausgestorben sind, während sie in allen anderen afz. Mundarten noch neben den abgeschwächten *ces cez* fortbestehen*).

*) Die ganze mfz. Zeit hindurch lässt sich *cestes* noch belegen, cf. Knauer, Eberts Jahrb. XI 247 und Gessner [Zur Lehre vom frz. Pronomen. Progr. du College Français. Berlin, I. 1873, II. 1874.] I 27. Bei Rabelais ist *cestes*, nach Radisch: die Pron. bei Rabelais, Diss. Leipzig 1878, p. 35, noch „ziemlich häufig". Godefroy belegt es aus Rousier des Dames (Poésies fr. des XVe et XVIe siècles. V 198): *regardez cestes fillettes*. Noch im 18. Jh. findet sich diese altertümliche Form bei dem Grammatiker Schatzen (Französischer Langius, das ist erleichterte französische Grammatica. Frankfurt 1724) p. 241: *cestes choses sont de grande consequence*.

Ceste und *cestes* erfuhren im 12. Jh. den (phonet.) Ausfall des *s* in allen frz. Mundarten, ausser in den von Köritz p. 40 und Suchier p. 602 bezeichneten Distrikten. Die Orthographie bleibt auch bei dieser Gelegenheit jahrhundertelang hinter der Aussprache zurück*). Die phonetische Schreibung lässt sich jedoch, wenn auch nur sehr sporadisch, schon in afz. Zeit nachweisen. Für einfaches *t* tritt dann meist *tt* ein:

cette cettes.

Belege: Amiens p. 218 (a. 1255): *de cette cose.* Froissart, Ende des 14. Jh.'s, hat erst einmal *cette* (I 842) gegen ungezählte *ceste*. Namur p. 114 (a. 1290): *cette partie.* Eine Urkunde aus Blois (XXVIII, a. 1298) hat zweimal *cette.* Die Urkunden aus Yonne (1258—66) schreiben meist *cete* (6 mal), einmal *cette*, cf. p. 600. 607 (4 mal) *cete chose.* 607 *cete aumone.* 582 (a. 1258) *de cette chose.* Morbihan (Bretagne) a. 1248, p. 155: *par cete pez* (pacem); ib.: *cete covenance, cete chose, cetes covenanccs.* Für den Plur. *cetes* giebt Godefroy zwei Belege: *Par la baalee de cetes presentes letres* (1277 Fontevrault, Arch. M.-et-Loire) und *Avons nous seaileet chetes letres de no seaiel* (1255 Pr. de l'Hist. de Cambrai, 29, Carpentier). — Die Beispiele zeigen, dass alle frz. Mundarten gleichmässig an dem graphischen Ausfall des verstummten *s* beteiligt waren, und dass dieser Ausfall keineswegs an eine bestimmte Schreiberschule gebunden war.

Hier seien noch einige seltene Nebenformen von *cele ceste, celes cestes* genannt:

1. Der Leodegar hat — wie *ciel ciest* für *cel cest* (cf. oben p. 30) — so auch

ciele

für *cele.* In allen drei in Betracht kommenden Fällen steht *ciele* vor vok. Anlaut, so dass das ausl. *e* elidiert wurde. Cf. 25:

---

*) Noch im 17. Jh. hält der Grammatiker Martin (1632) streng an der traditionellen Schreibweise fest, und erst die Grammatiker Duez (1669), Menudier (1684) und Pepliers (1696) bekennen sich zu der Schreibweise, die der Aussprache gerecht wird und später völlig zur Herrschaft gelangte. cf. oben *cest-cet* p. 27.

de ciel'art. 79: *quant ciel' irae tels esdevent.* 105: *ciel'ira grant e ciel corropt.*

2. Im Lothringischen und Wallonischen finden sich Belege für

ceiste ceille

mit dem „Nachlaut *i*" nach betontem *e* des Stammes. Belege: 1) aus einer Urkunde von Metz (Orval No. 551): zweimal *ceiste chose;* 2) Not. et Extr. 141 A, 148 E und 244 A: *ceiste* (Zemlin p. 12); 3) T. 118. Recueil d'actes des XII⁰ et XIII⁰ siècles en langue romane wallone du Nord de la France. p. p. Taillar, 1849 Douai (Zemlin l. c.) *ceille*. Beispiele aus den übrigen Gebieten Nord- und Ostfrankreichs, in denen der Nachlaut *i* nach *e* sich einzustelten pflegt (cf. Zemlin p. 29), stehen uns nicht zu Gebote. Das von Zemlin, p. 11, zitierte *ceile digniteit* SSBern. ed. Le Roux de Lincy in QLRois p. 526, ist ein Lesefehler und in Fœrsters Text, R. Forsch. II 5₂₁ ersetzt durch *teile digniteit*.

3. Der Mundart der Franche-Comté eigentümlich ist die Vertiefung von *e* zu *a;* cf. Corssen p. 15, Wendelborn p. 19: *latre, promasse, ale = illa, ales = illas; nates = nitidas, matre* etc. Aus dieser dialektischen Eigentümlichkeit erklären sich

çale und *çate*

ersteres belegt bei Godefroy: *en çale mayson*, 1293. Arch. de Besançon, letzteres von Wendelborn p. 20 konjiziert. Weitere hierher gehörige Beispiele fehlen sowohl bei Corssen als bei Wendelborn.

4. Ein *çoste* des Cliges (S 4243) ist als Schreibfehler aufzufassen.

5. Aus der Bretagne belegt Görlich, F. St. V, 397, einigemale die Formen

ceulle, iceulle, iceulles.

Dazu bringt Godefroy noch einen Beleg aus Nantes: *en ceule maniere que* (1288. Ch. d. H. Sauvagor, f^{ds} Bizeul, Bibl. Nantes). Görlich weiss sonst nur Beispiele für den Wandel des offenen *e* zu *eu* anzuführen (p. 355): *queurre = quaerere, appeulé;* unter Einfluss des *v*: *feuvrier, euvangiles.* Ohne Zweifel haben wir bei *(i)ceulle(s)* ganz denselben lautlichen Vorgang wie bei *appeulé*, wobei vielleicht noch analogische Wirkung von *ceuls* (= *ecce illos*) anzunehmen ist.

6. In den Mundarten an der französischen Landesgrenze von **Vermand**, St. Quentin und Tournay an südöstlich über Longuion bis nach Lothringen hinein finden sich interessante Analogiebildungen des Fem. Sg. und Pl. an das Masc.; es herrscht die Tendenz, im Fem. gleiche Kasusunterschiede herzustellen, wie sie im Masc. lautgesetzlich berechtigt waren (Sg. *cil cel, cist cest;* Pl. *cil cels, cist cez*). So erklären sich die Formen

cile cille icille ciste*) ciles.

Wir geben die Belege:

Tournay 43 $_{10}$: *ke cile (estelee) est sour rue deuant.* 46 $_{12}$: *cille (warance).* 13 $_{10}$: *quant Johans sera mors ciste rinte kiera.* 16 $_{16}$: *que ciste chose ne sesvanuisce.* 17 $_{86}$. 18 $_{23}$: *que ciste cose soit ferme.* 40 $_{23}$: *ciste couuenance de cest cyrografe fu faite...* 43 $_{16}$: *que ciste chose demeurt ferme et estaule.*

St. Quantin: *cille moities de cele maizon*, Chirogr. de 1234, Arch. S.-Quentin, l. 24 (Godefroy).

Für **Vermand** konstatiert Neumann, p. 20, das Vorhandensein der Formen *cille* und *ciste*. Nur darf man nicht mit ihm von „Formen mit erhaltenem *i*" sprechen.

Aus der Mundart von **Valenciennes** haben wir einen Beleg aus Froissart IV 1987: *Ne onques mervelles nen eut / Qu'il ne le tenist pour sa fille, / Et a pere ossi le tint cille.* Zu diesem Reime phon. *il : il* vgl. W. Napp, der p. 38 aus dem Liv d. Mir. einen Reim *ville : fille* und Breuer, der p. 31 aus Gir. de Rouss. den Reim *ile : fille (insula : filia)* zitiert.

St. Vincent (Hennegau): *ciste chartre*, 1255. Transact. entre l'abbé de St. Vinc., et le Sieur d'Aspremont. St. Vinc., Arch. Mos. (Godefroy).

Longuion (Orval No. 259, a. 1244): *a chou jour que ciste mise fu faite.*

Lothringen:

Morville-sur-Seille: *cille qui lo lait a dit*, 1231. Ch.

---

*) *Ciste* hat sich in modern wallonischen Mundarten als *cisse* erhalten, cf. W. Altenburg: Versuch einer Darstellung der wallon. Mundart, p. 28.

de M.-s.-S., Arch. Meurthe (Godefroy). *Se cille s'en claime:* Musée des Archives Départementales, p. 129 (a. 1232). SSBern. 33₁₁: *granz est ciste poxance*. 38₃₈: *coment polt estre ciste chose*. 41₂₀: *per cuy ciste confusions serat osteie*. 58₁₀: *ju aemplix, ce dist ciste parole, et lo ciel et la terre*. 83₁₆: *ciste uolentriule proverteiz*. 156₁₈: *certes uoirement li estoit de totes parz li morz; de ceai cille del cors e de lai li espiritels*. 177₃₆: *cille engenuisset un fil*. Ezechiel 17₈: *icille nature . . . alti cum ille est*. 23₂₁: *donkes est cille* (sc. *justice*) *uraiement juste ke . . .* 23₃₈: *car ciste (la vie actiue) defalt ensamble la mortal vie, et cille (la vie contemplative) crast plus pleinierement en la permanaule vie*. 24₉: *cille est donkes en necessiteit et ciste en uolunteit, cille en seruiteit et ciste en franchise*. 27₁₅: *cille granz beste*. 33₇: *cille mismes parolle*. 49₄₀: *cille remuardenemenz*. 50₄: *cille niant esmaute dampnacions*. 58₂₅: *cille joie*. 106₆: *cille corolle*. ib.: *cille uisions*. 12₁₃: *cum cille (parole) qui*. 19₅₂: *ke ciste chose est assi cum . . .* 59₄: *ciste mismes nature*. 27₁₀: *ciste chose*. 65₁₇: *ciste conparisons nen est mies sens grant entandement*. 66₂₃: *ciste mismes amors*. Ferner 45₁₄. 76₄.

c. Verstärkte Formen des Sg.

Vulg. lat. *ekkęllę́i *ekkęstę́i (belegt ist in den Formulae Marculfi spätlateinisches *illę́i* und *lę́i*, über deren Erklärung oben p. 34 ff. gehandelt wurde) ergaben im Gemeinfrz. lautgesetzlich *(i)celiei *(i)cestiei und weiter durch Vereinfachung der Gruppe *iei* zu *i*:

(i)celi (i)cesti.

Den ältesten Denkmälern, sowie unseren alten echt westlichen Texten sind diese Formen fremd: sie kennen nur *cele* und *ceste*, sowohl in konjunkter als in disjunkter, in betonter und unbetonter Stellung. Nur einige unsichere Belege für *celi cesti* vermögen wir aus dem **Westen** beizubringen: Oxf. Ps. 7₈: *pur icesti* = propter hanc (Meister). Marie de Fr. 97₂₉₆ P: *celi ki* (CH *cele*). 107₅₈₅ P: *n'i ot celi* (C *nule*,

H *cele;* ferner in in Roqueforts Ausgabe I 502. 520. 522.
II 191. 343. Endlich bringt noch Görlich, Fr. St. III 151,
ein unsicheres *celi* herbei: Turpin II 286 s. Diese wenigen
Belege — das *icesti* des Oxf. Ps.'s ausgenommen — beruhen
sicher auf ostfrz. Einfluss.

In den Sprachdenkmälern des frz. Nordens und Centrums
begegnen *celi* und *cesti* häufig. Wir geben Belege. Aus der
Pikardie und dem **Hennegau:** Beaumanoir Man. 2932:
si dirai de celi / Que il laissa plaine d'anui. 1066: *A celi m'en
voel repairier / Qui est seule dedens la nef.* Ferner 1197. 1533.
2448. 3743. 3843. 3957. 4304. 5014. 5239. 6114. 6569. 7625.
Jeh. 430. 1715. 3180. Amiens p. 393, a. 1323: *par le vertu
d'ichelli (enqueste).* Corbie 468, a. 1297: *icheli.* Elie 2592: *Et
tenoit en son poing l'espee toute traite. Sire, chaingiez cesti!
quens ne rois n'ot plus bele.* Aiol 10151: *cesti nous doing
a feme.* 2215: *Que cesti ne nule autre ne uaut amer.* Ferner
cesti 10. *celi* 8092. Richars 49: *J'apiel cheli qui fille et mere /
Enfenta son fil et son pere.* 2522: *pour cheli trauaille.* 57.
59: *icheli char.* Ferner *celi* 1122. 1758. 5009. 5387. *cesti*
177. 1967. Froissart I 1228: *Vers celi / Qui feri / Tout
parmi / Mon coer.* Ferner *celi* III 1777. IV 432. 3570. 3835.
VI 4019. VIII 65. *cesti* V 208. Tournay 26 s: *en celi piece.*
26 10: *des lur propre hyretage de celi (piece).* 49 6: *de celi
maison.* 49 12: *de cesti rente.* — Besonders beliebt ist die Form
celi in den Urkunden aus Hennegau und Namur, wo auch
das unbetonte (adj.) oblique *cele* sehr gern, in Hennegau sogar
überwiegend durch *celi* ersetzt wird. Hennegau hat 18 *cele*
gegen 18 *celi* + 6 *cheli,* von denen nur eins disjunktiv ge-
braucht ist; Namur 35 *cele* gegen 12 *celi* + 9 *cheli,*
sämmtlich in verbundener Stellung. *Cesti* ist in Hennegau
nicht, in Namur nur einmal zu belegen, p. 188: *a cesti chose.* —
Beispiele: Hennegau 347: *a celui u a celi qui.* 448:
de celi personne; de celi meisme frankise. 480 (4 mal). 481
(8 mal): *a celi terre.* 480: *de celi piece.* 497: *en celi maison.*
454: *huers de cheli* (= masc. *chel*[*ü*]*i*) *païs et de cheli warde
qui dite est.* 480: *a cheli terre* (3 mal). 498: *en cheli maison.*
— Namur: p. 43: *de celi vile; de celi quittance.* 54: *pour celi*

amende. 59: *dedens celi quinzaine.* 151 bis: *de celi ville.* 180: *de celi defaute,* ferner 181. 182 bis. 192. 270. 178: *a cheli Margheritain;* ebenso 180 bis. 181 bis. 180: *de cheli Yssabiel.* 180 bis: *de cheli demisiele.* 181: *doe (!) cheli Margheritain* (ib.: *chele Margherite:* Rectus).

Orval No. 427: *e de ceste bonne a celi ki est en Recopepiet et de la a celi ki est mise a Sonlepreit ... et de celi a la bonne ki.* 451: *de ceste bonne a celi ki ... et de cesti a l'autre ki ... et de cesti a celi ki ... et de cesti a celles ki ... e de cestes a celi bonne ki ... e de cesti a celi ki ... e de cesti a la bonne ki est sor le ruisel.* 506: *a celi partie.* — M. Brut nur 387: *De celi (Silvia) quide pais avoir.*

Champagne: Cliges 576 ARP: *Alixandres aimme et desire / Celi* (SCT *cele*) *qui.* 582 SAPB: *les puceles ... / Meis celi don plus li remanbre / N'ose aparler* (CTR *cele*). 2272 SAPCB: *s'amassent ambedui / Cil celi et cele celui.* Cf. ferner 618. 624. 2226. 2655. 3012. 3662. 3759. 3781. 3903. 4327. 5087. 5090. 5150. 5159. 5739. 6067. 6760. 6777; *cesti* 2724. 6462. 6775. — Yvain 344 PH: *n'i a cheli* (andere Hss. *nule*) *qui.* 2645 FSAH: *au cuer celi qui* (V *icele*, PM *chele*, G *cele*). Ferner 475. 1508. 1739. 1750. 2409. 2558. 2699. 4345. 4594. 5314. 5729. 6347. 6693. — Joinville S 86: *en celi amende.* S 91: *en la dite vile ou ou banc d'iceli.* U 7: *an celli menierre.* S 73: *celi.* — Reims 766: *en cause celi Bouret* (ib. *celle Boures*). 767: *a celui Gilet le marit celi Widle.* ib.: *par celi Widle.* Ferner 776. 814 bis. 876. 893. 904. 960. 964. 1084. 1118. 1126 bis; *iceli* 1118.

Burgund: Gir. de Ross. 6: *tres grant partie de France et governoit iceli par mervoillable justice.* Ferner *iceli* 88. 162. 168. 210. 245. *celi* 7. 241. Yonne p. 585: *puis la mort de celi Beatrix.*

Ile de France: Rustebeuf 248 71: *Que puisse trover celi / Qui tant a a toi abeli.* 285 62: *Ez vos celi en grant tormant.* Ferner 248 71. 252 57. 257 75, sämmtlich auf *abeli* reimend, und 299 53. — Liv. d. Mét. XXXV 9: *a celi qui.*

In den Mundarten des äussersten Ostens, im **Ostwallonischen** und **Lothr.**, wird lautgesetzlich die Gruppe *iei nicht wie im Gemeinfranzösischen zu *i*, sondern zu *ei* vereinfacht: *celiei *cestiei ergeben daher in diesen Mundarten
celei cestei.
Diese Formen herrschen ausnahmslos in Dial. Greg., Hiob, SSBern. und Ezechiel*). Vgl. die Belege: Dial. Greg. 42₁₀: *si comenzat celei a trauilhier ... mais li prestre ... quant il ueoit celei mult forment estre trauelhie, si ostat enhelement lo chainsin del alteil et si courit celei, mais manes li diables entrat auoc en celui.* 43₅: *si amenerent celei a Fortuneit et si laissierent celei a lui.* 135₁₉: *car uns serpenz est entreiz en celei (corbilhe).* Ferner 18₂₄. 19₁₃.₁₈ (bis). 34₅. 40₉, 42₁₀.₁₂.₁₃.₁₇. 18.20. 43₄.₅. 47₉. 59₁₅. 66₂₃ etc., im ganzen 56 mal. — Hiob: 2 mal: 349₁₂: *parmi celei discretion.* 356₂: *Ke nos repairons a lei alsi com a celei ke nos auiens perdue.* — SSBern. 8₁₆: *entendre celei chariteit.* 126₂. ₃: *en celei offrande* (bis). 144₈: *car nos nen auons mies ci manant citeit, anz quarons celei ki est a auenir.* 165₁₃: *qui celei qui en adulteire seroit reprise comandat a lapider.* Ebenso 7₂₅. 17₃₆. 28₃. ₅. ₆. 44₂₀. 61₃₂. 74₂₀. 78₈. 83₁. 84₁ im ganzen 31 mal. Ezechiel p. 65₃₂: *nous tenons celei concorde.* 10₃: *en celei nuit.* 16₅: *de celei grant nue.* Cf. ferner 6₃₅. 12₂. ₃. 101₁₃.

Für *cestei* fanden wir folgende Belege: Dial. Greg. 210₁₄: *Et quant en cestei (pucele) astoit mult enfoueie nature del cors, li meide comencirent a dire ... k'ele ... contre la nature auroit barbe.* 216₁₁: *A cestei (Tharsille) par une vision apparuit Felis mes aioz.* — Hiob 367₁₇: *De cestei (iror) dist Salomons.* ib. ₁₉: *De cestei (iror) dist lo pares li psalmistes.* Vgl. ib. ₁₂: *de ceste iror dist li psalmistes* — SSBern. 17₂₀: *cestei humiliteit aprennons nos.* 24₂₂: *quant receut onkes li mundes chose ke semblanz fust a cestei.* 50₁₃:

---

*) An eine Entstehungsweise direkt aus *cele ceste* durch Anfügung des gerade in diesen Dialekten so häufigen unorganischen *i* (cf. Zemlin) ist wohl kaum zu denken. Beispiele wie *nostrei* für *nostre, comteis* für *comtes, sireis* = *senior* + *s* sind als Ausnahmefälle zu betrachten: das unorgan. *i* zeigt sich der Regel nach nur nach betonten Vokalen.

li uns plus cestei (chose), li altres plus cele altre. 74₂₉: *nos ne solacet mies en cestei ou en celei tribulation, mais en totes noz tribulations.* 126₈: *En celei affrande leist om k'il ot trois choses, et en cestei requiert assi nostre sires trois choses* Vgl. ferner 66₂₂. 62₂₈ (bis). 96₇. 108₁₁. 141₂₁. 153₈₈ (bis). — Ezechiel p. 48₈₇: *de cestei possance.* 101₁₈: *ensi ke li ale de l'une beste atochest l'atre beste z li ale de celei atochest cestei.* 105₁₅: *de cestei eglise;* ferner 7₈₁. 103₁₇*).

Die gemeinfrz. Formen drangen schon in früher Zeit in das Lothringische ein, das zeigt eine Urkunde aus Morville-sur-Seille (vom Jahre 1232), welche zweimal, d. i. ausschliesslich die gemeinfranz. Form aufweist: Mus. d. Arch. Dép. p. 126: *si double l'amende de nut a celi di jors.* p. 128: *senz celi* (sc. *terre) c'um trait de bois a champ.* Der um 130 Jahre jüngere Lothr. Ps. bietet nur einen Beleg: 103₂₀: *Tu ais mis les tenebres, et li nuit est per ti faite; en celi trespasseront toutes les bestes des forez.***)

Bemerkungen:
1. Ganz vereinzelt findet sich für das gemeinfrz. *celi* und das ostfranzösische *celei* die Form
celie.

Vgl. Rou III 603 ABD: *Quant il uolt celie regarder / Et il quida a li* (C: *lie*) *parler, / Ne sout k'ele fu deuenue / Ne l'ad oie ne ueue.* Cliges M (südnormannisch, vielleicht aus Anjou, cf. Fœrster, Cliges XXX) 3759: *Deuant celie* (BCTR: *cele*) *qui le feit vivre; / Or est morz s'il ne la delivre.* Orval Nr. 509, a. 1285: *a celie partie qui.* Aus Pierre

---

*) Einmal hat sich diese auf den äussersten Osten beschränkte Form. in ein pik. Denkmal verirrt: Aiol 10037: *a cestei nostre loi.*

**) Nach Ausweis moderner lothringischer Mundarten wurden die alten dialektischen Formen keineswegs vollständig durch die gemeinfrz. verdrängt. Aus gegenwärtig gesprochenen Idiomen Lothringens belegt vielmehr Adam, Patois Lorrains p. 60, neben *ç'tî-ci, ç'ti-la* noch *ç'tê-ci. ç'tê-la* Die Form *ç'tê* ist sicher gleich altem *cestei* zu setzen, um so eher, als Adam, p. 73, für das absol. Pers. Pron. Sg. Fem. (gemein-afz. *li*, östlich *lei*) die Form. *lêi* mit ihren Nebenformen *lêie, lêye, lêe* etc. belegt.

Alphonses Chastoiement (normannisch) belegt K. Huber in seiner Diss. p. 76 ein *celie*, XI 373, und auch Godefroy verweist auf Chastoiement d'un pere II v. 67. Biblioph. fr.: *que por celie (meschine) ert si soupris.*

Die Entwicklung der Gruppe *iei zu *ie* (statt gemeinfrz. *i*, ostfrz. *éi*) kennt u. W. nur die südl. Normandie. Der Roman du Mont-St.-Michel schreibt 51 mal *ie*, 11 mal *ei*, 18 mal *i*, einmal *iei* (cf. Görlich, F. St. V 356). Hiernach erklären sich oben belegte Formen *celie* und *lie* aus Rou III, Cliges M und Chastoiement. In Orval scheint uns eine Antizipation des *ie* aus *partie* vorzuliegen; die Urkunden schreiben sonst regelrecht *celi cesti* (15 mal) neben *cele ceste*.

2. In Beaumanoir lesen wir einmal
icelui
für feminines *iceli*; cf. Manek. 5543: *cuide bien que soit perie / Cele qui il tant a cerkie; / Dont se commence a dolouser / E mout fondament a plorer / E regreter icelui / Dont il a souffert maint anui.* Eine solche umgekehrte Schreibung findet ihre Erklärung darin, dass das masc. *celui* und das fem. *celi* im Pik. seit der 2. Hälfte des 13. Jh.'s lautlich zusammenfielen, s. o. p. 39. Gelegentlich konnte daher das eine für das andere geschrieben werden.

Wenn wir in Texten wie Cliges, Yvain und Dial. Greg., welche *celui* und *celi* streng auseinanderhalten (nur Cliges R hat ein, Yvain P zwei *celi* für *celui*, s. o. S. 43), einige Male weibliches *celui* vorfinden, so sind dies wohl die ältesten Belege für den sich später vollziehenden Untergang des fem. *celi* zu Gunsten der masc. Form *celui*, welche eine zeitlang auch die Funktion des Fem. übernahm. Belege:

Cliges 576: *Alixandres aimme et desire / Celui* (SCT *cele*, ARP *celi*) *qui por s'amor sospire.* C 618: *Amors celui* (R *cele*, APTB *celi*) *li represante / Por cui si fort se sant grevé.* C 3903: *Qui amer viaut, doter l'estuet. / Ou se ce non, amer ne puet; / Meis seul celui* (andre Hss. *celi*) *qu'il aimme dot / Et por lui (li) soit hardiz par tort. / Donc ne faut ne ne mesprant mie / Cliges, s'il redote s'amie.* R 2226: *Meis tant crient qu'il ne despleust / Celui* (MC *cele*, TPBA *celi*) *qui.* SR 4327: *Meis droiz est qu'a vos (Fenice) congié praigne / Com a celui* (andere Hss. *celi) cui je sui toz.* Yvain 4574 PHS: *Car ce est reisons et justise / Que cil qui autrui juge a tort / Doit de chelui* (FGA: *cele) meismes mort / Morir que il li a jugiee.* 1739 S: *De celui* (GM *cele,* PHFVA *celi) qu'ele avoit blasmee.* 2409 GA: *e de celui (clarté) refaz la lune* (PHFSV *celi).* 6347 V: *paz le tort de celui* (PG *cele,* SAH *celi) qui.* Dial. Greg. 73₁₇: *une prierre... quant il dui u il troi ne porent celui mouvoir.*

3. Die Lyoner Mundart kennt die sonst nirgends belegbaren Formen

cilli cisti,

cf. Flechtner p. 58 und Zacher p. 52. Das *i* des Stammes ist wohl nicht als erhalten anzusehen, sondern erst sekundär unter dem Einfluss der Tonlosigkeit eingeführt worden, ein etwa in *hyretage, ahiritier* etc. und in dem von Godefroy belegten Masc. *cistui*: Epistle de S. Bern. à Mont Deu, Ms. Verdun 72, f⁰ 68⁰.

Überblicken wir das über die verstärkten Obl.-Formen des Femin. Sing. Gesagte, so ergiebt sich folgendes:

Dem franz. Westen sind die verstärkten Formen abzusprechen. Nur das Südnormannische kennt eine (dem Pers.-Pron. *lié* entsprechende) Form *celié (*iei = ié).*

Der Norden und das Centrum haben ausnahmslos *celi cesti (*iei = i).*

Dem äussersten Osten (Ost-Wallon. und Lothringisch) charakteristisch ist *celei cestei (*iei = éi).*

Cesti und *cestei* sind als seltene Formen zu bezeichen. Ihre Funktion wird meist von *celi (celei)* und *cele* übernommen, wie ja auch schon in altfrz. Zeit *cel* und *cest, cele* und *ceste* nicht mehr streng auseinander gehalten werden.

d. Die abgeschwächten Formen des Plur.

Celes und *cestes* erfuhren schon seit ältester Zeit infolge ihrer meist proklitischen Stellung Abschwächung zu den einsilbigen Formen *(cels ceus) ces* und *(cests) cez;* sie fielen also zusammen mit den aus masc. *ecce illos, -istos* entwickelten **ces cez.**

Das feminine *cez* wurde (wie das masc. s. o. p. 60) zu phon. *ces,* ohne dass die Schreibung *cez* jedoch gleichzeitig mit der Aussprache *cez* geschwunden wäre.

Als Übergang von (zweisilbigem) *celes* zu (einsilbigem) *ces* dürfen wir die Form *cels* ansehen, die sich einmal im Jonasfragment und einmal im Cambr. Psalter findet; in letzterem vielleicht phon. gleichwertig mit *ceus.* Vgl. Jon. II 33: *e cels eleemosynas.* Cambr. Psalt. 103 $_{12}$: *icels (almailles);* Vgl. Fichte. Godefroy giebt dazu noch folgende zwei Belege: *qui verront cels presentes lettres* [1262. Guis. óv. de Langres, S. Benigne, Saussy, Arch. C.-d'Or.] und *doit tenir toutes cels choses en fié dou dit Guillaume* [ib.].

Die dialektische Verteilung der Formen *cez* und *ces* ist im allgemeinen dieselbe wie beim Masc. Was die ältesten Denkmäler betrifft, so findet sich die abgeschwächte Plural-Form nur einmal: Alxs M 103^c: *ces rues,* und muss hier mit Sicherheit dem flandrisch-pikardischen Schreiber zugerechnet werden.

Von den **agln.** und **norm.** Denkmälern kennen ausschliesslich *cez*: der Oxf. Rol. (145. 204 etc.), *icez* der Oxf. Psalter (41 $_4$. 43 $_{19}$. 61 $_{11}$. 77 $_{86}$. 91 $_6$. 101 $_{19}$. 106 $_{43}$. 121 $_1$. 143 $_{18}$. ζ $_{6. 41. 50}$; cf. Meister). — Nur *(i)ces* findet sich in Karls Reise (318: *par ces cultures);* Brandan (390); Cambr. Ps. (*ices*: 43 $_{17}$. ζ $_{6. 42 50}$. cf. Fichte); und (Adgar 31 $_{90}$. 110 $_{926}$. 125 $_{128}$). — Die übrigen Sprachdenkmäler schwanken: in Chardry steht ein *cez* 1974 gegen 2 *ces* 1770. 1793. Cumpoz hat *cez*: 801 C. 1455 CL. 2820 SA. 2993 SA. 3037 CA. *icez*: 3273 A; dagegen überwiegend *ces*: 477 AS. 801 LS. 1041 S. 1261 alle Hss. 1819 LS. 2820 LC. 2993 LC. 3037 LS und *ices*: 3273 CL. In Rou I und II fehlt Fem. Plur.; Chron. asc. hat einmal *cez* (70). Rou III AB noch überwiegend *cez*, CD gleich viele *ces* als *cez*. Belege für *cez*: 5931 ABCD. 7321 ABD. 7463 BC. D *(sez)*. 6337 ABD; *ces:* 646 ABD. C. *(sces,* s. o. p. 4). 5396 BD. 6662 D. 8360 D 9380 C.

Im **NW.** ist *ces* die regelmässige Form, vergl. Görlich Fr. St. V 397. — Im **SW.** haben die Pred. 3 *cez*: 3 *ces;* Turpin I 2 *cez*: 4 *ces;* Turp. II ausschliesslich *cez* (4 mal), vgl. Görlich F. St. III 150.

Der ganze **Norden** (Pikardie, Hennegau und Namur) kennt — da hier unter allen franz. Mundarten am frühesten die Gruppe *ts* zu *s* abgeschwächt wurde — nur die Schreibung *ces* (ein *ices* Aiol 1222).

Nur ausserordentlich selten ist in diesen Mundarten *cez* nachzuweisen: einmal in Amiens (gegenüber 100 fem. *ces):* p. 416 (a. 1324): *chez presentez lettres;* einmal in Ponthieu (gegen etwa 75 *ces):* 38$_{27}$ (a. 1329): *chez presentes lettres;* zweimal in Namur (gegen etwa 400 *ces* fem.) p. 51 (a. 1296): *cez presentes lettres;* 144 (a. 1253): *chez lettres.* — Orval über 600 *ces* (1 *ches* Nr. 531). *Cez* fehlt.

Im **Wallon.** und **Lothr.** herrscht durchaus die alte Schreibung *cez (icez:* Brut 2602; Dial. Greg. 64$_8$. 97$_8$. 136$_{14}$; Sermo de Sap. 292$_{29}$). Nur einmal das pik. *ces:* Dial. Greg. 244$_{16}$. Der Lothr. Ps. von 1365 schreibt jedoch im Gegensatz zu den SSBern., welche ausnahmslos, d. i. über 100 mal *cez* hatten, schon konsequent *ces:* 14$_5$. 49$_{23}$. 77$_{32}$. 93$_7$ etc. 13 mal. In Ezech. zählen wir nur 2 *cez* gegen 13 *ces;* cf. *cez* 6$_{30}$. 17$_{16}$.

Der Yzopet und die **burgund.** Texte kennen nur *ces:* Yzop. 343. 988. 1176. Rom. VI p. 15 v. 100. 125. Rom. VII Gir. de Ross. 1. 8. 24. 32. 33. 43. 47 etc. — Yonne hat *cez* p. 586 (bis) und p. 607 (bis). Dagegen 17 mal *ces*.

Champagne: Crestien scheint nur *cez* zu kennen; *ces* findet sich im Cliges nur 801 S. 5815 R; im Yvain nur 1575 H. 2170 AH. 4431 A. 5389 H. *ches:* 5343 P. Dagegen *cez:* Cliges 801 APCRBTM. 1802 ACRBT. 2993 alle Hss. und 5356 alle Hss. ausser M. Yvain 334 PFV. 1575 PFGSVM.

1529 PHV. 5166 PHGS. 6193 PHGSV. Die jüngeren Urkunden von Joinville und aus Reims haben dagegen die moderne Schreibung schon fast vollständig durchgeführt. Joinville hat nur noch 4 *cez* gegen etwa 120 fem. *ces;* cf. A 2. 10. 14. E 15. Reims 1 *cez* 1035 (gegen 26 *ces).*
Ile de Fr.: Rustebuef kennt *cez* nur noch einmal: 263 $_{63}$ AC. Das Liv. d. Mét. hat ausschliesslich schon die jüngere Form *ces.*

Fassen wir das Gesagte kurz zusammen, so ergiebt sich, dass der ganze Westen zwischen altem *cez* und jüngerem *ces* noch schwankt, dass die (späteren) Denkmäler aus dem ganzen frz. Centrum und Osten — Ile de France, Champagne, Burgund, Franche-Comté, Lothringen, besonders streng aber Orval, Hennegau und Pikardie — die jüngere Form schon völlig durchgeführt haben. *Cez* zeigt sich als herrschende Form nur noch bei Crestien in der alten Sprache der Champagne, in SSBern, im ältesten Lothringischen und endlich in Dial. Greg., Hiob, Serm. de Sap., den ältesten Texten wallonischer Mundart.

Anm.: Eine bemerkenswerthe graphische Variante von *ces* ist die Form *ce,* zweimal in den Urkunden aus Yonne belegt: p. 600 (a. 1261): *ce lettres furent faites...;* ib. *j'ei fait saeliei ce lettres de mon sael.* Das auslautende *s* in *ces* war vor Kons. stumm und konnte daher leicht auch in der Schrift weggelassen werden. Dieselbe Erscheinung fanden wir oben beim Mask., cf. Chev. as d. esp. 5980: *ce chevalier dient uoir.* Sollten vielleicht die pag. 31 f. angeführten Fälle, wo *ces* für *ce* steht, auf gerade umgekehrte Weise zu erklären sein: hier Wegfall, dort unberechtigtes Hinzufügen eines stummen $S^{Kons.}$?

C. Neutrum.

Die lat. Neutra *illud*, *istud* fielen schon in vlat. Zeit mit dem Masc. Obl. Sing. *illum istum* zusammen. Nur spärliche Reste von ihnen haben sich (in der Zusammensetzung mit *ecce*) bis in das Altfrz. gerettet; sie lauten wie die masc. Formen:

cel und cest.

Auf den neutralen Gebrauch von *cel* und *cest* hat zuerst Mall, Comp. 108 hingewiesen. — Horning, R. St. IV 250, hält *cel* für *ce* + hiat.-tilg. *l*. Es ist richtig, dass *cel* fast ausschliesslich vor Vok. vorkommt (s. u.) und dass man die wenigen Fälle, wo es vor Kons. steht, durch Formenübertragung erklären könnte; aber wie erklärt Honing *cel* in Texten, die das abgeschwächte *ce* noch nicht kennen, in denen also *cel* keinesfalls aus *ce* + *l* entstanden sein kann? So in QLRois, Cumpoz S, Rou III A, Chardry. Überdies scheint uns die Einschiebung eines *l* zur Hiatustilgung bedenklich und eines Analogons entbehrend.

Mebes, Garnier de P. St. Maxence 55, hält *cel* für *cele*, ein Fem. im neutralen Sinne, (ebenso wohl auch *cest* für *ceste?*). Er scheint seine Vermutung zu stützen auf Beispiele wie die folgenden: Comp. C 414: *Semaine est apelee / Qu'est de set jurz furmee / Damnes Deus la truvat / Par sis jurz que uvrat; / Al setme reposat, / Cele* (S: *ceo*) *semaine apelat.* Rou II 1718: *Faites dreite justise de grant e de petit / ... Gardez vus de mal faire...: Ceste est religiun.* SSBern 374: *Ceste est chier frere li vie permananz.* Mit Elision: Compoz 1471: *Cest' est allegorie.* CL 3471: *Kar icest'* (AS: *iceste*) *est maistrie.* Oxf. Psalter § 40: *icest' est la commune fei* (cf. Meister, der dieses *icest* für ein Neutrum erklärt). In allen diesen Fällen haben wir es aber nicht mit Neutris, sondern mit Femininis zu thun, stets folgt ein subst. fem., auf welches sich das Demonstrativ bezieht.

W. Fœrster, Anm. z. v. 1403 des Yvain, sagt, dies

cel sei „nicht sicher" als Neutr. anzunehmen, da häufig dafür *cele* vorkäme. Er verweist auf Chev. au lion 1515 G *(pot cele estre)* und Diez Gr. III 48. Der Beleg aus dem Yvain scheint mir nicht beweiskräftig, weil das ausl. *e* von *cele* vor vok. Anl. elidiert wird und überdies die Schreiber des Ch. a. lion in Bezug auf Auslassung oder Hinzufügung von nachtonischem *e* sehr nachlässig verfuhren; vgl. 5393 GAS: *cest parole;* 3566 PH GA SM: *cest chose;* 6016 P: *chest cose;* ebenso im Cliges 6734 C: *ceste afeire* für *cest afeire.*

Unsere Belege für neutrales *cel* und *cest* sind die folgenden: *cel* besonders in der Redensart „*pot cel estre*", cf. QLR. 182₃. 408₉. Marie de Fr. (Roquef.) I 412. 430. Rou III 422 BC. 4666 A. 5912 ABD. Oxf. Psalter (cf. Meister) 54₁₃. 80₁₃. 123₈.₄. 138₁₀. Chardry, Jos. 1077. Cumpoz 111; — ferner Crestien Cliges 2325 ARPBCM; 3307 in allen Hss. ausser T; 4901 APCRM. 4901 B *(selestre);* Yvain 1515 HF. 1515 S *(sel).* Hiob 308₂₆ *(puescelestre).* In anderer Verbindung ist *cel* ausserordentlich selten. Aus der Bretagne belegt Görlich, F. St. V 397, mehrfach die Redensart *cel est a savoir.* Uns begegnete sie St. Brieuc p. 187*). Im Cambr. Psalt. 93₁₅ findet sich ein *iceol* (mit Labialisierung des *e* anal. *cels-ceols?*), welche Form Fichte p. 93 wohl mit Unrecht als einen Schreibfehler für *iceo* ansieht. Reimpredigt 35 A: *Briefment averai dit / Cel tart que jeo sai,* (C *icel tant,* B *ço*). Cf. ib. Hs. A 90 und 126: *cel.* Huber belegt p. 96 drei mal neutrales *cel* aus Rom. d. M. St. Michel, 348. 1799 und 1898. — Cliges 4271 M: *Dex vos doinst que revenir puissiez a mei, et cel per tens.* 5104 C: *Puis cele ore qu'ele nel vit / Cel* (andere Hss.: *Neis*) *ne set ele, se il vit.* W. Fœrster, l. c. verweist noch auf Beneeit, Chron. 9319 und auf Liv. d. Man. 40.

Neutrales *cest* begegnete uns QLRois 397₂₆: *mult avez pechied vers nostre Seignur en cest* (= in dieser Beziehung). Cambr. Ps. 73₁₈: *Remembrerre seies d'icest* („memento huius"). Cumpoz L 51: *Par cest* (CS: *ço*) *devum guarder / Nostre lei.* CLA 3474: *E hom ki deit valeir / Icest deit bien saveir.* L 55:

---

*) Eine Deutung: *ce l(i) est a savoir* ist hier völlig ausgeschlossen.

U par cest (S: *ceo*) *les (granz festes) tendrunt* / *U viaz i faldrunt.* CLV 3365: *U par cest* (SA: *ceste*) *la (la lei) tendrunt*/ *U viaz i faldrunt.* Adgar p. 109: *Tut cest li dist oant la gent.* 163: *De cest e d'el uus frai dreit.* Chardry 971: *Vus ad icest chante e dit.* 1495: *Quant Nachor aveit [i]cest oi.* 443: *Entre itant ke cest esteit.* (cf. 1643: *a icel tens ke ceo esteit).* 2425: *Quant Josaphaz out cest oi.* 994: *Gardez ke cest seit ben celé.* Endlich im Cliges: 3873 M (südnormannisch): *Ja de cest* (andere Hss. *ce*) *n'iert contre moi nus* / *Que...*

Neutrales *cel est* findet sich also — wenn wir von einem Beispiel aus Hiob absehen — nur in der aglnorm. u. norm. Mundart.

Bemerkungen:

1. Als Nebenform von *cest* bringt Burguy I 150 aus den Gesetzen der Angelsachsen, ed. R. Schmid, p. 175₄ ein

cost,

abgedruckt auch bei Bartsch Chrest. 49₃₈: *çost est la costume en Merchenelae.* Mit Burguy fassen Bartsch (Chrest. Glossar) und Giesecke p. 17 dieses *çost* als neutrales demonstr. (= *cest*) auf. Godefroy erklärt es als Fem. *çoste* = *ceste* mit vor Vok. elidirtem auslautendem *e*. Uns scheint hier einfach eine Dittographie vorzuliegen: *co'st est* für *co'st.* Einen analogen Fall haben wir Comp. C 1692: *Cest est grant signifiance,* wo das Metrum *c'est* verlangt, die Form, die auch in den Hss. LSV vorliegt.

2. Eine bemerkenswerte Neutralform ist

cen.

Napp sagt p. 43: „in den in dem Cartulaire de Louviers enthaltenen frz. Urkunden finden sich häufiger *cen* statt *ce*". Jean Fleury: Essai sur le patois normand de la Hague, p. 69 bemerkt: „Dans le poème sur Thomas Helie [cf. ib. p. 7: poème sur T. H. en haguais ancien du XlII° s., ed. M. de Pontaumont, Cherbourg 1868] nous trouvons à chaque instant *cen,* et avec la chuintante, *chen,* remplaçant *cel:* v. 36: *Cen que j'en en seit et cy escri;* v. 592: *Segon cen qu'il en avenet;* v. 843: *Tout chen dont mestier nous avont;* v. 69: *Cency fut un leal mariage*"; etc. — Die gleiche Form findet

Görlich [F. St. V 397] „einige Male in Urkunden aus der Bretagne und einmal in der Touraine: *tot cen, cen que, de cen qui, cen qui*". Auch im St. Martin begegnet (nach Görlich, l. c.) *cen* einige Male: 128 12. 146 10. — Weitere Belege aus der Normandie giebt Godefroy: *En remembranche de cen* (1323. Ch. du bailli de Contentin. Aulnoy. Arch. Calvados); *jurei et establi en cen* (1306 Ch. du vic. de Falaise, Ste.-Barbe, Arch. Calvados); *sur cen* (ib.); *cen fu fet* (ib.); etc. Im Rom. du Mont-St.-Michel findet Huber (p. 96) *cen* 81 mal vor Kons., 11 mal vor Vok.; *ce* 40 mal vor Kons., 10 mal vor Vok.; *icen* 25 mal vor Kons, 2 mal vor Vok.; *cel* (ntr.) 2 mal; *cen* wird *s'en* geschrieben 937 und 2567. In der Clef d'amour begegneten (Huber) etwa 110 *cen* neben einem *che* (p. 73) und 28 vor Vok. stehenden, silbebildenden *ce*. Ferner belegt H. die Form *cen* aus folgenden Texten: Fabliau de Jouglet 3 mal; bei Du Cange in seinem Dict. med. et inf. lat. s. v. scacarium, wo eine Stelle aus der Vetus Consuetudo Normanniae M. S. I part. 5 distinct. cap. 7 wörtlich wiedergegeben ist: 2 mal; in den von Delisle in den Mém. XVI publ. Urkunden, p. 134 von 1260, Pont Audemer: 6 *cen*, 2 *chen*, 1 *ce*, 2 *che*, 1 *ceu*; ib. p. 199 N. 852. 1315, Coutances: 2 *cen*, 4 *ceu*; und aus jüngerer Zeit bei Louis Petit: Muse Normande (nach Joret, Du *C* etc., p. 270): *chen* neben *chu*.

Fleury's Erklärung der Form *cen* aus neutralem *cel* weist Huber p. 98 mit Recht zurück. Er stellt *cen* (ebenso *jen* = ego) in Parallele mit normanischem *chin* (= ecce hîc), *stichin* (= celui ci), *par chin* (= par ici), *ainsin* (= ainsi) *in* (= ibi) etc. Das epithetische *n* deute in letztgenannten Beispielen vielleicht eine Nasalierung des auslautenden *i* an. „Ein solches *n* könnte auch in *ce-n* eingedrungen sein und eine Partikel, wie „*en*" (v. homo), Einfluss geübt haben."

Ausser im Normannischen finden wir *cen* auch in Cliges C (Heimat des Copisten?); vgl. 5107: *De cen li est bien chëu, que.* 5338: *A cen* (RAT *ce*, P *cou*) *metez antante et cure.* 5331: *De cen ... cuit je mout bien venir a chief.* 5993: *Ne por cen* (P *cou*, BTR *ce*) *n'i pueent rien feire.*

Wohl in *c'en* aufzulösen ist *cen* in folgenden Beispielen:

Pere, chen dist Gaufrei, feites moi escouter Gaufrei, 17 A. P. (Godefr.). *Et qu'elle soit la premiere, cen fust nostre propos* Oresme, Quadrip., Richel. 1348. f.⁰ 4 v⁰ (Godefr.) und *Aussi vuel je, cen est la fins, / Moi essaiier et esprover* Cliges A 4242. 3. Auf ein *içon* bei Gér. de Rossillon, ed. Michel, 370 macht Godefroy aufmerksam. Ein lautlicher Übergang *icel — içol — içon* ist nicht anzunehmen; sondern da *içou* an besagter Stelle im Reime steht mit *pardon : sablon : baron* etc. (Reimtirade auf *on*), scheint der Dichter an *iço* (= ecce hoc, s. u.) das *n* nur des Reimes halber gefügt, d. h. eine Mischform gebildet zu haben aus seinem heimischen *ço iço* und dem ihm vielleicht aus der Normandie bekannten *cen, icen*. Ich finde diese Form sonst nirgends belegt.

Als Nachtrag zum I. Teile der Arbeit *(ecce ille, iste)* sei erwähnt, dass ausser den von uns besprochenen Nominativen und obliquen Casus Singularis und Pluralis der 3 Genera sich im Afz. noch spärliche Reste eines alten Genitivus Pluralis Masc. erhalten zu haben scheinen. Seine frz. Lautung entspricht der des einfachen *illorum* (ohne das verstärkende *ecce)*, das sich als *lor > lour > leur* in der frz. Sprache mit Verlust seiner demonstrativen Bedeutung bis heute erhalten hat, vgl. W. Dittmer: Die Pron. poss. im Afrz., Diss. Greifsw. 1888, p. 73. *Ecce illorum, ecce istorum* wurden hingegen frühzeitig ersetzt durch die vlat. Verbindungen *de ecce illos, de ecce istos*, und nur ganz vereinzelt haben sie sich bis in die afz. Sprachperiode hinein erhalten. So im Jonasfragment II 4: *celor* (vgl. Koschwitz, Commentar 150). Belege für *cellour cillour* (mit unorganischem *i* wie oben p. 77 *cilli citi)* und *cestor* giebt Godefroy.

II. (Ecce) hŏc.

Hochtonig musste *hŏc* anders entwickeln als unter dem Neben-, bez. Tiefton. Hinzu kommt noch als wichtiges Moment der Umstand, dass *hoc* in alter Zeit hochtonig fast ausschliesslich in Pausa, nebentonig und unbetont fast nur in enger syntaktischer Verbindung mit dem folgenden Worte stand.

a. Hochtonig

ist *hoc* in den aus der Verbindung Præp̆os. + *hoc* entstandenen Konjunktionen *apud hoc*, *pro hoc, *sine hoc.

Das o̭ entwickelt sich hier regelrecht zu ṷé — ṷǿ — ṷ̈ǿ — œ, graphisch *ue, oe*, auch *eu*, was ursprünglich nur für œ aus ǫ verwendet wurde. Das ausl. *c* bleibt erhalten, da die genannten Konjunktionen ihrer Natur nach nicht in engem syntaktischen Zusammenhang mit dem folgenden Worte stehen.

Die Formen lauten *apud hoc* — *avoc* — *avuec (avoec, aveuc);* *sine hoc* — *senoc* — *senuec (senoec, seneuc); *pro hoc* — *poroc* — *poruec (poroec, poreuc)*. Belege giebt Burguy. Aus Godefroy führen wir nur folgenden an: *Mais que j'ai du pain avec. Vous n'en irez mie sanz cc.* Cortois d'Artois, Rich. 19152. f⁰ 84°.

Es ist unnötig mit W. Meyer, R.Z. IX 144, die Erhaltung des *c* hier auf analogischem Wege zu erklären.

Avuec, ursprünglich nur Konjunktion wie *poruec* und *senuec*, begann schon in afz. Zeit die Funktion der Präposition *od* = *apud* zu übernehmen. Die Analogie zur Konjunktion *avuec* bewirkte, dass trotz der engen syntaktischen Verbindung, in die es nun mit dem Folgenden trat, das *c* auch hier erhalten blieb.

Analog zu *onque(s)* = unquam bildete man in afz. Zeit die Nebenformen *avuecque(s), avocque(s), avecque(s).* Die Anwendung der zweisilbigen oder der dreisilbigen Formen richtet sich nach dem jeweiligen Bedarf des Dichters. Die dreisilbige Form haben wir z. B. Yvain M 2578: *Avecques moi et a sejor;* 2584: *Avecques vous souvent seroie.*

Nur ganz ausnahmsweise finden sich Fälle, wo in Verbindungen von Præpos. + *hoc* das *c* abfiel, wo wir also statt *oc* oder *uec* ein *o* aus der Vortonsilbe in die Haupttonsilbe eingedrungen sehen; cf. Eide: *in o quid;* Eulal. 11. 20· und Jonas II 27: *poro que;* Leodegar 64. 147: *porro que;* Eulal. 18 und Rou III C 9119: *poros* mit unorganischem adverbiellem *s.*

b. Unbetont und vortonig

erscheint *hoc* zunächst als ọ mit Abfall des *c;* dann lautgesetzlich vertieft zu *ou* = phon. *u.* So

a) in Verbindung mit einem Pronomen: **hoc ego** = *oje oie*, Bejahungspartikel. Belege Aucassin p. 28: *me connissiez vos? fait Aucassins; o je, je sai bien que vos estes Aucassins.* Ebenso p. 14 und 40. Ferner Amis 96: *Veïz tu home qui me puist resambler? / Dist li paumiers: laissiez moi porpanser. / O je dist il, or m'en sui ramembrez.* Aiol 1559: *Aues de nule guere parler oi? O ie, dist li paumiers.* ib. 7799: *Vasal, aues besoing? mout uous uoi esmari. O ie, uoir, biaus dous sire, por dieu merchi uous pri.* 9675: *Aues uous relenqui Mahomet, bele fille? — Oie, che dist la dame.* Ebenso 9682. Weitere Belege giebt Alfred Schulze: (Der afz. direkte Fragesatz. Leipzig 1888, p. 247) und Godefroy.

Für hoc tu = *o tu* fehlt uns ein Beleg.

Hoc ille = *oïl.* Zu den von Godefroy gegebenen Varianten fügen wir noch *auuil* und *oilh*, Formen des lothr., bez. des wallonischen Dialekts. Cf. *auuil voir* SSBern. 163₄. 167₁₂ etc.; *auuil certes* ib. 163₇ etc., *oilh voire* Hiob 286₃₅. 295₄₂ etc. (mit *l̃*, cf. oben *cilh* p. 16).

Die richtige Erklärung dieser Bejahungsartikeln gab Tobler, Z. f. vgl. Sprf. XXIII 423, und wie derselbe später (Vermischte Beiträge etc. p. 2 Anm.) bemerkt, vor ihm schon J. Grimm, Gr. III 768.

W. Fœrster belegt RZ. II 171 zweimal: **hoc nos**: *Coment, dant Renart ... refusez vos le corone? Lupart! o nos, s'ensi est* Cour. Ren. 2560; und *Dites moi, connoissiez le vos? O nos, sachies que c'est le biau salvage* Fl. Florette 7898. In ÖGZ. 1875 646 und — hierauf fussend — bei Tobler, Zeitschrift f. vgl. Sprf. XXIII 423, steht nach W. Fœrster, R.Z. II 171, aus Versehen *o vos* statt *o nos*. Belege für *o nos* fehlen. Schon in ältester Zeit wurde *oje* etc. durch *oïl* verdrängt.

Lautlich gleiche Bedingungen wie in *hoc ille* liegen vor in der Zusammensetzung des Mask. Sg. Obl. *hoc* mit *anno*, die sich als *oan, uan, ouan* bis in die afz. Zeit hinein erhalten hat. Vgl. Rol. 250: *vus n'irez pas uan de mei si luign*. Rusteb. 64 45: *Je ne cuit que sainz Pieres rende / Oan les cles de paradis*. 99 26: *Vos avez oan fame prise*. 98 8: *Du fromant qu'il fera semer / Me fera ancoan flamiche*. Chimay p. 139: *de oan qui vient*. Godefroy giebt weitere Belege.

β. Alleinstehend finden wir *hŏc* in folgenden Belegen: *Faites o tost* Sponsus 77; *e resors es, la scriptura o dii* ib. 26. *Non t'o promet* Pass. 56. *Eu t'o promet* ib. 299; *lor o demanded* ib. 139; *di nos prophete, chi t'o fedre* ib. 188; *tot as Judeus o vai nuncer* ib. 104; *il o fan* ib. 284. Giesecke zitirt p. 15 irriger Weise *sempre fist bien o que el pod* aus Leod. 40; *o* ist hier = *ubi*. *O* = *hoc* haben wir wieder in Mar. d. Fr. (Rqf.) II 346: *di o par toi*. Cout. de Berry p. 99. La Thaumassière (Godefroy): *s'il o fasset*. Serm. XIII° s. ms. Poitiers 124. f° 25 v° (Godefr.): *et issi o devons faire*.

Wohl analogisch zu dem genannten alleinstehenden unbetonten *hoc* = *o*, als auch zu dem *o* in den pronominalen Verbindungen *oje oïl onos* findet sich *o* in der Redensart *dist ne o ne non*. Belege: Gormund et Isembard, Bartsch Chrest. 21 12. Mar. de Fr. (Rqf.) I 548. Beaumanoir Man. 4258. Aiol 9010. Rusteb. 248 1157. Godefroy giebt dazu noch folgende Belegstellen: Les Loh. ms. Montp. f° 217; Audefroy le Bastard, Beatris, ed P. Paris, Romancero p. 34; Parton. Richel. 19152. f° 161; Huon de Bordeaux 9479 A. P. etc. Aus Raimb., „Ogier" 9053, Barrois, belegt er ein *dit ne od ne non*, wobei das *d* von *od* sich wohl durch Verwechselung von *o* = *hoc* mit *o* = *od* = *apud* erkärt, dessen *d* vor Kons. stumm ist.

Wenn G. aus dem SW. ein *ou* belegt, so können wir dieses sowohl aus *hoc* als aus dem im SW. als Neutr. verwendeten *illud* (= *ęlo* = *el* = *ol* = *ou*) erklären. Görlich Fr. St. 1II 147 entscheidet sich für letztere Erkärung.

γ. **Ecce hŏc**

hätte an betonter Stelle ζoc > ζuec ergeben müssen. Diese Formen sind schon in vorlitterarischer Zeit völlig verdrängt worden durch die unter dem Nebenton und an tonloser Stelle entstehenden Formen ζọ, *cou* (= phon. *su* mit lautgesetzlicher Vertiefung von unbetontem *ọ* zu *u*) und *cę* (phon. *sœ* mit Abschwächung des Vokals).

Diesen drei phonetischen Gruppen entsprechen drei graphische, wobei in der dritten Stufe für phon. *œ* auch *eu* geschrieben wird:

1. *co ceo cio zo ico iceo icio cho icho* etc.
2. *cou icou chou ichou*.
3. *cę icę chę ichę, ceu iceu cheu icheu*.

Einer Entwickelungsreihe *ecce hŏc* > *cọu* > *céu*, wie sie W. Fœrster Yv. z. v. 1403 annimmt, können wir nicht beipflichten, denn die lautlichen Bedingungen für die frz. Weiterentwickelung waren andere bei lat. *ŏc* als bei lat. *ŏcu*; nur aus letzterem konnte diphthongisches *ọu* — *éu* resultieren (cf. *focum fọu feu*).

Verfolgen wir nun zunächst mit Übergehung der abgeschwächten Formen *cœ (cę ceu)* die dialektische Verteilung der beiden ersten phonetischen und graphischen Gruppen. Die Vorschlagsilbe *i* und die Behandlung des Anlautes *c* lassen wir hier ausser Acht, sie fanden oben pag. 1 und 4 eingehende Besprechung. Hier handelt es sich nur um die Entwickelung des Stammvokals.

Die ältesten Denkmäler haben ausschliesslich Formen der ersten Gruppe: Eulal. *czo* v. 21; Jonas *co* 12 mal, Hoh. L. *ć'o* v. 68, Leod. *cio* 18 mal.

Ebenso die Mehrzahl unserer **norm.** und **aglnorm.** Texte:

die ältesten Hss. des Alexius (LAP), Auban, Oxf. Rol., Karls
R., Cambr. Psalt., Oxf. Psalt., Besant, Chardry, Brandan,
QLRois, Rou I, II, Rou III AC, endlich alle Hss. des Computus. Belege sind unnötig. Nur einige Mischtexte zeigen
vereinzelt die Schreibung çou. So Alexius SM 38[a]: *quant
uoit cou que;* S 10[d]: *mais de tout cou ne uolsift il nient;* ebenso
S 3[e]. 34[a]. 36[c]. 68[e]. 88[e]. 106[c]. 125[b]. Rou III B: 9 mal, cf.
207: *Por cou que;* 2875: *Cou est dist il biens se Dieu plaist;*
cf. ferner 5393. 7001. 7822. 8840. 9400. 9552 und 10858.
Rou III D nur 1 mal (schon von Strauch: *O* im normannischen Dialekt, p. 75 hervorgehoben) 7001: *Et cou meismes
Engleis cremeient / Que Normant par noit les querreint.* —
Von diesen wenigen Mischtexten abgesehen haben wir im
Norm. und Aglnorm. ausschliesslich die Form *co*.

Anders in den (im ganzen etwas jüngeren) Sprachdenkmälern der **Pikardie** und des **Hennegaus:** hier herrscht durchaus die Schreibweise *cou chou* etc.; und zwar ausnahmslos in
Beaumanoir, Amiens, Ponthieu, Mahomet, Elie und
Richars. Froissart hat neben den abgeschwächten Formen
nur noch einmal die vollere und zwar ebenfalls das pik. *chou:*
XIV XVIII 13. Aucassin, Aiol und Hainaut kennen
neben regelmässigem *c(h)ou* je einen Vertreter der älteren
Gruppe: Auc. 34₄: *en co que* ... Aiol 2128: *Cil dameldex
de gloire* ... / *Li doinst icho trouer, que il va querre.* Hainaut
p. 454 (a. 1296): *pour cho ke.* — Eine Ausnahmestellung
unter den nördl. Mundarten nimmt der Dialekt von Tournay
ein, indem hier *co cho* dem pik. *cou chou* fast gleichberechtigt
zur Seite steht, Verh. 54 : 78. Vgl. *por co que* 3₆. 5₉. 10₉.
15₁₃. 16₁₆. 17₈₆ etc., *cho* nur 9₁. 9₂₆. 13₁.₂₁.

Von den **wallonischen** Mundarten schliesst sich, den
geograph. Verhältnissen entsprechend, die von Namur eng
an die Nachbarmundart von Hennegau an; sie kennt (ausser
ce) nur *chou* (80 mal) und *cou* (35 mal). Belege: 23 *a cou
ke;* I 3. 54. 154. 183. 198. 203 etc.: *pour cou que; chou* 10.
12. 13. 14. 15 ter etc. — Acht mal kommt die Schreibung
chu
vor; ihr ist kein anderer Lautwert beizumessen als der ge-

wöhnlichen Schreibung *chou* (= *su*), denn auch sonst wechselt in diesen Urkunden *ou* zuweilen mit *u*; cf. *ou-u* (ubi), *dou-du* (de illo), *fou-fu* (focum) etc. Belege: 24 *a tout chu que*. 231: *et de chu a paier obligons nous*. 232: *a tot chu ki nos paroit aidier*. ib.: *par chu ke*. 244: *e pour chu ke chu soit ferme chose*. ib. noch zweimal. Godefroy giebt noch zwei weitere Belege: *pour chu que*. 1263. Chapitre Noyon (nordöstl. Ile de Fr.). Arch. Oise. G. 1806; und *a tout chu especiament ai ju obligé tout mon hiretage*. 1250. Abb. du Gard, cabinet de Salis (Gegend von Nîmes). Weiter östlich werden die volleren Formen immer seltener; wo sie noch auftreten, lauten sie stets wie im Pik.: *chou, cou*. Vgl. Orval 259: *pour chou que*; 334: *parmi chou ke*; 409 und 422: *pour cou ke*; 422: *lor confermons tout cou ke*; das letzte *chou* finden wir im Jahre 1273, cf. 461: *sans chou ke*. In den Dial. Greg. fehlen die volleren Formen schon ganz.

Ebenso in den meisten Sprachdenkmälern aus dem **Osten** und dem **Centrum**. So in Lothringen (SSBern., Ezech., Psalt.), Burgund, Yonne, Neverz, Champagne (schon bei Crestien) und Ile de France (Rustebeuf und Liv. d. Mét.). Nur der Yzopet (Fr. Comté) hat noch 13 mal *cou*, 100. 345. 552. 1202. 1738. 3037 etc., ebenso eine Urkunde aus Besançon (Musée des arch. dép. etc. p. 205) fünfmal; und aus dem Lyoner Dialekt belegt Zacher *co, so, czo, iczo* (p. 47 f.). — Wenn wir in einigen pik. Hss. des Crestien sporadisch noch *chou cou* vorfinden, so stammen diese sicher von den Schreibern, sind nicht original. Vgl. Yvain A 3890: *fors cou que*; 6214: *por cou*. S 1182: *cou fu proeche bien veraie*; 2491: *cou n'est pas dis que*; ferner S 2660. 4572. 1919. 3586. 5149. 6354; (*chou:*) 1258. 3746. 4611; (*icou:*) 6294. Cliges P hat 18 *cou* + 5 *icou*; cf. 92. 174. 202. 404. 1037. 2244. 4432. 4750 etc., 811. 3165. 5157. 5521. 6559. R nur 1 *cou* 5586.

Von der Ile de France nach **SW.** gehend finden wir in Berry, Touraine und Poitou wieder die im ganzen Westen übliche Schreibung *co*; cf. Görlich, F. St. III 151. So in den Urkunden aus diesen Dialekten und in den Pred. Sully's;

Poitou kennt daneben auch *cou*. Der äusserste SW. (Saintonge und Aunis), sowie der äusserste NW. (Bretagne) kennen die volleren Formen überhaupt nicht mehr. Wenn wir also von den abgeschwächten Formen absehen, so ist die Schreibung *ço* charakteristisch für das Agln., sowie für den ganzen kontinentalen Westen, die Schreibung *chou* für das Centrum und den ganzen Osten. (Ausnahmen: *ço* findet sich auch in Tournay und Lyon, andrerseits *chou* in Poitou).

Überblicken wir nun die Verbreitung der abgeschwächten neutralen Demonstrativform. Sie ist phon. $=$ *sœ sę*, graphisch dargestellt durch *ce*, dialektisch auch durch *ceu* (mit *eu* für phon. *œ*). In den ältesten Denkmälern fehlt *ce ceu* noch ganz, ausser in der Stephansepistel, wo *ce* 3 mal, d. i. ausschliesslich vorkommt; cf. 10: *porce*. 35: *quant ce oirent;* 40: *mes ce trouum que.*

In den **agn.** und **norm.** Denkmälern ist *ce* noch bei weitem in der Minderzahl gegen die volleren Formen. Es fehlt vollständig in den beiden ältesten Alxs-Hss. (LP), in Cump. LS, Auban, Besant, Chardry, QLRois, Rou I und in der ältesten Hs. des Rou III. Sporadisch tritt *ce* auf in Alxs S 33°: *ce ne fist il pour ami;* 34°: *ce dist l'ymaige*. Oxf. Rol. 2 mal; cf. 984: *ce dist Chernubles*. 1006: *sire cumpain, ce crei.* Karls R. 1 mal (gegen 30 *ço*), cf. 30: *quant ce out la reine.* Brandan 2 mal (: 70) 1770. 1789. Cambr. Ps. 6 mal: 37$_{20}$. 77$_{59}$. 804. ε$_{25}$; *(ice:)* 118$_{127}$. ζ 45. Comp. AC je 6 mal, cf. 171 C: *pur ce'l di, ne targiez*. 221 C: *pur ce'l me plaist a dire.* 414 A: *al setme (jur) reposat, ce que semaine apelat.* 607 A: *de ce que;* ferner A 773. 1293. *(ice:)* 721. 2273; C 1325. 1345. 1558. 3063. Adgar 2 mal (gegenüber 300 *co ceo*): 25$_{207}$: *Ce fist Jhesu li trespuissant.* 33$_{162}$: *Ce demustroent les uit flurs ki.* Rou II: 7 mal (gegen etwa 150 *ceo*), cf. 1574: *sere (sereit) ce auenant.* 1669: *par fei, ce dist Cone, sire ne vi mais tel maisniee;* ferner 533. 1738. 1972. 2112 2686. Rou III BCD: 8, bez. 23 und 9 mal (gegen ungezählte Formen der ersten Gruppe); cf. 63 C: *ce est huem de north.* 551 D: *ce dit;* ib. C:

se (= *ce*) *lui semble.* 1671 BD: *ce croi;* ferner B 1207. 1455. 2118. 4989. 9400; C 595. 1112. 2890. 3531. 4427. 4539. 5182. 5475. 6170. 7526 etc.; D 1451. 2613. 5146. 7806. 3075. 8334. BC 10831. BCD 4666. Neben *ce* hat D 20 mal *ceu;* cf. 126. 422, 1671. 1947. 2454. 2812. 4338. 3450. 4151. 7086. 7214. 7237. 7314. 7526. 8367. 9104. 9165 bis; *(iceu:)* 7347. 7540.

Eine Ausnahmestellung unter den westlichen Texten nehmen Alexius A und der Oxf. Ps. ein. Alxs A hat 15 *ce* gegen nur 5 *co*, und der Oxf. Ps. kennt *ce ice* schon ausschliesslich. Belege aus Alxs A: 11ᵇ. 17ᵈ. 21º ᵈ. 22ᵃᵒ. 34ᵉ. 35ᵃ etc.

Von diesen wenigen Beispielen abgesehen haben wir im Agn. und Norm. *ce* noch durchaus in der Minderzahl.

An der östlichen Grenze der Normandie, in Beauvais, ist in der 2. Hälfte des 13. Jh.'s (Beaumanoir) *ce* ebenfalls noch seltener als die volleren Formen (Verh. 80:100).

Im **Pikard.** und **Wallon.** dagegen überwiegt *ce che* bei weitem und zwar schon in Auc., unserem ältesten pik. Text, 22 *ce* gegen 5 *cou*, 1 *co*; cf. 2₂₈. 4₁₀. 6₁₁.₄₅. 8₂₆. 10₅₇. 12₂.₂₄. 14₁₇ etc. Aiol hat 4 mal so viele *ce* als *cou;* Elie 100:17; Oct. kennt ausschliesslich *ce;* die Urkunden aus Amiens haben etwa 90 *ce che* gegen 1 *chou* (285, a. 1292); Ponthieu 110:21; Corbie ausschiesslich *ce;* Namur etwa 400:100 und Orval 400:7 (i. J. 1273 das letzte *chou*, s. o. p. 91). Die späteren Texte Rich. und Froiss. haben nur noch 3 bez. 1 mal *chou* gegen ungezählte *ce che.* Cf. Rich. 682. 4625. 5308. Froiss. XIV XVIII 13.

Ausnahmen bildet der Dialekt von Hennegau-Tournay. Die Urkunden dieser Distrikte haben die volleren noch fast doppelt so oft als *ce che.* Verh. 220:120, bez. 130:70. Belege sind unnötig. Hierzu stellen sich Mahom. (77:15) und der M. Brut (34:21).

In Bezug auf die übrigen Texte des frz. **Ostens** und **Centrums** hatten wir oben (p. 91) schon konstatiert, dass die abgeschwächten Formen schon überall vollständig durchgedrungen sind, mit Ausnahme vom Lyoner Yzopet (Frch.-

Comté) und dem Dial. von Lyon. In ersterem stehen jedoch schon etwa 180 *ce* gegen die genannten 13 volleren Formen. Für den Lyoner Dial. fehlen bei Zacher genauere Angaben. Die graphische Wiedergabe der abgeschwächten Form (= phon. *sœ, sę*) ist nicht in allen Dialekten die gleiche. Die Dial. Gr. schreiben ausnahmslos *ce ice che*. In Lothringen (SSBern., Ezech., Psalt.) drückt *eu* den *ę* Laut aus: *ceu*. Daneben kommt auch (selten) die Form *ce* vor; Verh. 100 : 30; bez. 140 : 12 und 100 : 12. Dieselbe Wiedergabe des Lautes *œ* durch *eu* finden wir in Burgund (Rom. VI 7 – 39) wieder; cf. p. 24 v. 36: *ceu nos racunte Jeremies;* daneben öfter *ce*. In allen anderen Mundarten des frz. Ostens, bez. Centrums herrscht ausnahmslos *ce*. Nur in Joinville finden sich neben etwa 100 *ce* 2 mal die burgundisch-lothr. Schreibweise *ce:* Q 4 und 42; sowie einmal *ceu* neben ungezähltem *ce* in Liv. d. Mét.: LIII.

Im **SW.**, zunächst in Poitou ist *ce* in der Minderheit gegen die vollen Formen; in Turp. II fehlt es ganz; Turp. I kennt es einmal. In Saintonge und Aunis dagegen, sowie in den Pred. Sullys ist phon. *cę* schon völlig durchgedrungen, (wenn wir von einem aus Aunis belegten *ceo* absehen). Die graphische Wiedergabe von *cę* schwankt zwischen *ce* und *ceu*. Vgl. Görlich, F. St. III 151.

Der äusserste **NW.** kennt nur noch phon. *cę*, meist *ce*, seltener *ceu* geschrieben; cf. Görlich, F. St. V 397. Görlich's Ableitung von *ceu* aus *cel*, „da ein Übergang des *co* zu *ceu* wenig wahrscheinlich erscheinen", vermögen wir nicht beizustimmen. Phon. *ço* wird auch im NW. zu *çœ* geschwächt, so dass dann für *cę* die Schreibung *ceu* eintreten konnte. Für das *ceu* des SW., das übrigens so häufig ist, dass eine Herleitung aus dem jederzeit selten gewesenen *cel* von vornherein ausgeschlossen erscheint, nimmt Görlich selbst das Etymon *ecce hoc* an. Wir setzen auch das *ceu* des NO. gleich *ecce hoc*.

In der afz. Zeit überwiegt also phon. *sœ* schon in allen Mundarten, ausser im Poitevinischen, in Turp. I und II, sowie den alten Denkmälern der Normandie und Englands. *Sœ* wird graphisch wiedergegeben durch *ce;* in den äussersten

Grenzgebieten [Bretagne; Aunis, Saintonge, Burgund, Orval, besonders aber in Lothringen] auch durch *ceu.*

Bemerkungen:

1. Als seltene Nebenform von *ce, ice* ist *icei* hervorzuheben. Cf. Beaumanoir, Man. 8027: *icei mout les conforte.* Dazu belegt Burguy I 158 noch eine pik *chei* und Zemlin p. 13 aus dem Lothr. ein *cei.* Eine Aussprache *ei* = ę, wie in *ceile, ceiste, ceis* ist hier nicht anzunehmen, eben so wenig wie in *jei* = *je, nostrei* = *nostre, comteis* = lat. *comites,* welche Zemlin p. 13 belegt.

2. Crestien kennt nur die abgeschw. Neutralform *cę*; s. o. pag. 91. Ganz vereinzelt dastehend finden sich Yvain 1403/4 folgende Formen im Reime: F *coe : aloe;* H *cue : alue;* P *cheu : leu;* V *iceu : leu.* Sinn und Überlieferung fordern nach Fœrster hier an zweiter Stelle das Reimwort *leu* = locum. *Aleu* sei nicht haltbar. In den Text nimmt Foerster daher *ceu : leu* auf, wobei er *ceu* = ecce hoc setzt. *Ceu* = *cel* sei bei Crestien unmöglich, erstens weil Crestien überhaupt kein -*l* vokalisiert, zweitens, weil hierselbst die Analogie der Formen -*l* + *s* = *us,* auf die *s*-lose Form übertragen, unmöglich ist, da das Neutr. *cel* eben nie eine Form *cels* geben kann." Wir nehmen Fœrsters Konjektur an, machen jedoch darauf aufmerksam, dass *ceu* = ecce hoc den Crestien-Handschriften und dem Dialekt der Champagne überhaupt durchaus fremd ist (s. vorige Seite), dass also *ceu* vom Dichter nur gewählt worden ist, um die beiden Reimwörter (phon. çœ lœ) auch äusserlich in Einklang zu bringen. Was den Reim *cue : alue* anbetrifft, so hält Mussafia, Litbl. I. 259 eine Aussprache çué für möglich, er reimt çué : alué. Çué sei lautgesetzlich: „ọ̄ ergiebt doch *ué,* vgl. *avuec, poruec, senuec.*" W. Foerster hält dem gegenüber, dass es kein frz. Wort gebe, wo ę im Auslaut zu *ué* diphthongiert; *ué* könne nur entstehen, wenn das ausl. *c* erhalten bliebe wie in *avuec* etc. (çuéc). Ebenso kenne er keine *alué,* wohl aber *aluéf* und *aléu.*

Wenn wir annehmen dürfen, dass jedes *ué, oé* = lat.

ę, wie auch jedes *eu* = lat. ǫ bei Crestien schon den Lautwert *œ* hatte, so würden wir *cue* einfach als umgekehrte Schreibung für *ceu* ansehen können, und wie *cue* erklärte sich auch *coe*, die Lesart der Hs. F. *Oe* ist phon. gleichwertig mit *ue (cor cuer coer)*, also ebenfalls = *œ*. Belege für çue fehlen uns; für çoe finden wir solche im Brandan und Compoz; vgl. Brandan 1795: *A ore plus n'i aprendras / Devant içoe que revendras.* Comp. C 89: *Dirre coe pot li prestre.* C 103: *Bien poent retenir / Coe dum ges voil quarnir.*

Lebenslauf.

Am 5. Juni 1865 wurde ich, **Karl Ewald Ganzlin**, evangelischer Konfession, zu Lauchhammer in der Provinz Sachsen geboren. Ich trat Ostern 1875 in die Sexta des Realgymnasiums zu Dresden-Altstadt ein und legte Ostern 1884 daselbst mein Abiturientenexamen ab. Zwei Semester studierte ich in Berlin und bezog alsdann auf je ein Semester die Universitäten zu Freiburg im Breisgau und zu Leipzig. Ostern 1886 siedelte ich nach Greifswald über und gehöre hiesiger Universität noch jetzt als akademischer Bürger an. Das Examen rigorosum bestand ich am 21. Juli 1888.

Ich hörte die Vorlesungen der Herren Professoren und Dozenten:

in **Berlin**:
Brugsch, Geiger, Paulsen, Rehmke, Rossi, Steinthal, Tobler und Zupitza;

in **Freiburg**:
Brugmann, Levy, Neumann und Riehl;

in **Leipzig**:
Körting, Settegast, Wülker und Zarncke;

in **Greifswald**:
Behrens, Credner, Konrath, Koschwitz, Pietsch, Reifferscheid und Schuppe.

Ferner durfte ich unter Leitung der Herren Professoren **Koschwitz**, **Konrath** und **Reifferscheid** teilnehmen an den Übungen des romanischen, des englischen und des germanischen Seminars.

Allen meinen Lehrern sage ich an dieser Stelle für die vielfache wissenschaftliche Anregung, die sie mir zuteil werden liessen, meinen schuldigen Dank. Ganz besonders aber danke ich Herrn Professor Dr. **Koschwitz**, der mich stets mit dem grössten Wohlwollen in meinen Studien unterstützte und in besonders freundlicher Weise mir bei Anfertigung dieser Arbeit helfend und ratend zur Seite stand. Gern gedenke ich auch hier der vielfachen Hilfe, welche mir Herr Dr. **Behrens** zuteil werden liess.

Thesen.

1. Neuengl. *silly* ist = got. *sildaleiks*, nicht mit Skeat und Müller von got. *sêls* (= gut) abzuleiten.
2. Peire Rogier (ed. Appel) p. 92. v. 17 ist *quaranta vetz perdos* durch *los quaranta perdos* zu ersetzen.
3. Prof. Koschwitz' Lokalisierung des Jonasfragmentes (Commentar 154) wird gestützt durch das in Urkunden aus Orval häufig belegte *cil̃ (cilh)*.
4. Die von W. Fœrster, Rom. St. III 174, angenommene Entwicklung des lat. hochtonigen $\breve{o}$ über $\varrho u - \acute{e}u$ zu œ ist abzuweisen.